JN452275

비밀의 계시

비밀의 계시

초판 1쇄 발행 2023년 4월 15일

지은이 이종학
펴낸이 장길수
펴낸곳 지식과감성#
출판등록 제2012-000081호

교정 주경민
디자인 정슬기
편집 정슬기
검수 김지원, 정윤솔
마케팅 정연우

주소 서울시 금천구 벚꽃로298 대륭포스트타워6차 1212호
전화 070-4651-3730~4
팩스 070-4325-7006
이메일 ksbookup@naver.com
홈페이지 www.knsbookup.com

ISBN 979-11-392-1010-1(03230)
값 15,000원

• 이 책의 판권은 지은이에게 있습니다.
• 이 책 내용의 전부 또는 일부를 재사용하려면 반드시 지은이의 서면 동의를 받아야 합니다.
• 잘못된 책은 구입하신 곳에서 바꾸어 드립니다.

지식과감성#
홈페이지 바로가기

비밀의 계시

이종학 지음

예수 그리스도의 십자가 희생은
이스라엘의 율법을 따른 마지막 제사이며
이스라엘을 위한 대리 제사이다.

이 책은 성경 이해의 길잡이가 되어 줄 것이다.

지식과감성#

차례

II부

바른 신앙

머리말

저자는 이 책을 쓰기 전, '학력이 높지도 않고 목회를 하는 목사도 아니면서 성경에 대한 해석서를 쓴다는 것이 얼마나 설득력이 있을까' 하는 갈등도 가졌고 두려운 생각도 들었다. 하지만 학력이 화려한 것과 성경을 이해하는 능력이 비례하지 않는다는 것을 알게 되었고 성경을 아는 것은 성령님의 도우심으로 가능하다는 확신과 그냥 덮어 두기에는 너무 아깝고 하나님의 뜻이 아닌 것 같아서 출판하기로 마음을 먹게 되었다. 저자가 오랜 신앙생활 동안에 성경을 읽고 묵상하면서 느낀 점은 성경은 사람들이 이 세상에서 잘 살 수 있는 비결을 전한 책이 아니라는 것과 오로지 하나님 나라(천국)를 소유할 수 있는 비결을 전한 책이라는 것을 알게 되었다.

저자는 한때 광적인 신앙생활을 한 적이 있다. 간절하고 열정적인 기도와 하루에 많은 횟수의 예배 참석과 부흥회, 기도원 등을 전전하며 듣고 배운 대로 소위 복받을 짓이라고 하는 헌금과 교회 안에서의 봉사를 통해 내가 원하는 것, 빠른 물질의 축복을 기대하며 매우 열정적인 신앙생활을 한 적이 있다. 오늘날 한국 기독교의 모습이 대부분 이런 모습이라고 말을 해도 과언이 아닐 것이다. 그리고 이런 경우에 속하지 못하면 믿음이 적고 신앙심이 미숙한 사람으로 간주되는 실정이다. 그렇다면 그처럼 광적인 신앙생활을 하면서 어느 정도 잘된 사람은 하나님께 합격점을 받은 믿음의 소유자며 생활이 나아지지 못하고 늘 그 타령인 사람들은 하나님께 인정을 받지 못한 믿음의 소유자라는 것인가?

우리의 신앙생활은 현실과는 거리가 먼 방향으로 흘러가고 있으며 감나무 밑에 누워 감 떨어지길 기다리는 믿음이며 장님 문고리 잡는 식의 신앙생활이다. 그런 생각을 하게 된 것은 성경의 진리를 깨닫게 되면서부터이다. 시급하고 절박하고 절실한 마음으로 저자는 1993년에서 1995년 사이에 장기간 금식 기도를 하며 인생 진로 문제를 하나님께 간구한 적이 있다. 그때 성경을 읽으면서 깨닫게 된 것과 배움을 바탕으로 장기간에 걸쳐 성경을 더 많이 읽고 상고하면서 정리한 내용을 기록한 책이다.

이 책의 내용은 어느 주석가나 목사님들이 쓴 책을 표절한 책이 아니며 순전히 성령께서 저자에게 깨닫게 해 주신 내용을 기록한 책이라는 것을 밝혀 둔다. 이 책을 보면 하나님의 입장에서 성경을 보는 눈이 열리게 되고 누구의 지도를 받지 않아도 지금까지의 성경 주석과는 다른 성경 이해의 능력을 갖게 될 것이다. 그리고 당부해 둘 것은 신앙의 연조가 적은 사람이나 성경의 내용을 어느 정도 숙지하지 못한 사람은 이 책을 읽어도 이해하지 못할 것이다.

그리고 이 책을 읽고 나면 지금까지의 성경 지식과는 조금 다르기 때문에 신앙심에 혼돈이 올 것이다. 그러나 얼마의 세월이 지나면 더욱 성숙된 모습의 신앙관이 스스로에게 자리 잡히게 되며 온전하신 하나님을 닮아 지·정·의를 갖춘 아름다운 모습의 신앙인으로 성장하게 될 것이다. 따라서 이단 세력이 접근해서 성경의 내용을 제멋대로 해석하고 꿰맞춰서 유혹을 해도 성경을 바로 알기 때문에 절대 현혹되지 않을 것이다.

외람되지만 저자의 바람은 목회를 희망하는 분들이 이 책을 꼭 읽어 보았으면 하는 바람이다. 이 책은 설교집도 아니며, 주석이나 강해서도 아니며 성경의 맥을 따라 대강을 해석한 글이다. 계시와 성취의 관점에서 본 성경을 정리한 글이다. 성경의 진리를 깨닫고 매우 오랜 세월이 지난 후에 책을 출판하게 된 것은 곤경에 처한 생활고의 문제를 해결하기 위해서는 경제 활동이 우선이라서 열심히 살다가 이제 조금 안정을 찾을 만한 환경이 되어 정신 차리고 내 나이 칠십이 되어서야 책을 출판하고자 마음먹었다.

신학교를 졸업하고도 목회자의 길을 가지 못하고 강도사의 직분만 가진 채 지내 온 것이 부끄럽지만 어설픈 목회보다는 이 책을 출판하는 일이 나에게 주어진 더 큰 사명이라고 여기며 스스로를 위로해 본다.

지금까지 배워 온 성경은 사람이 중심이 되고 기본이 되는 인본주의 성경관이었으나 이 글은 하나님의 입장에서 본 성경관이므로 기존의 시각과는 다른 시각으로 본 성경의 해석이다. 기존의 기복주의 교리에 세뇌되어 있는 분들은 참으로 받아들이기 어려운 주장과 해석과 논리가 많을 것이나 성경을 알고 싶어 하는 때 묻지 않은 깨끗한 영혼에게는 매우 도움이 되는 글이 될 것이다.

끝으로 저자는 비록 목회는 하지 못하고 수년에 걸쳐 신학교 내에 있는 교회와 지인의 교회에서 수십 차례 설교를 한 것이 전부지만, 언젠가는 목회를 하게 될 것이라는 생각으로 살면서 성도를 바르고 안전하고 행복하게 잘 사는 길로 인도해야 한다는 사명감과 마음의 자세를 갖고 살아왔다는 것을 밝히고 싶다.

서론

우리가 성경을 바르게 이해하려면 구약 성경의 시작을 기초로 하고 근거로 하고 구약 성경 전체를 바탕으로 해서 신약 성경을 이해해야 한다. **인간의 상식과 경험과 지식을 바탕으로 성경을 이해하고자 하면 난해한 면이 많고 엄청난 오해를 하게 된다.** 그러므로 나의 입장이 아니라 하나님의 입장에서 성경을 보아야 난해한 내용이나 구절이 풀리게 된다.

구약 성경은 아버지 집에서 쫓겨나는 일과 살인 이야기로 시작해서 하나님이 복을 주겠다고 선택한 이스라엘 민족들이 대를 이어 타민족에게 식량 위기를 넘기려고 의존하는 모습들의 기록이 여러 번 반복적으로 기록되어 있다. 인류의 조상 '아담'은 먹지 말라는 선악과를 먹고, 하나님 아버지 집인 에덴동산에서 쫓겨나는 벌을 받았다. 아벨을 죽인 '가인' 역시 아버지 아담의 집에서 쫓겨났으며 아브라함의 장자 '이스마엘'도, 이삭의 장자 '에서'도 아버지 집에서 쫓겨났다.

장자는 반드시 쫓겨나고 동생이 선택되었다. 그 외에도 브닌나와 한나의 자식의 경우와 유다의 자식의 경우도 있고 그 외에도 그와 흡사한 사례들이 많다. 이런 이야기를 접하면서 의구심을 갖지 않는 분들은 참으로 이상한 사람들이다. 그대로 믿으라고? 우리에게 무슨 유익을 주는 이야기들인가. 가인이 살인을 한 것은 잘못이지만 그의 입장이 되어 보았는가? 하나님이 가인의 제사는 받지 않을 만큼 제사를 잘못 드렸다고 여겨지는 법이나 규정과 설명이 없지 않은가?

물론 아벨은 믿음으로 더 나은 제사를 드렸다고 하지만*(히 11:4)* 이 말뜻을 이해할 능력이 없으면 그저 믿음이란 말에 스스로 소경이 되고 만다는 사실을 알아야 할 것이다. 아브라함에게 복을 주겠다고 하시며 그의 후손들인 이스라엘 민족에게 하나님이 가나안 땅을 기업으로 주신 그 땅에는 타민족들이 살고 있어서 함께 우거하게 되었고, 그 땅에 기근이 들어 애굽으로 식량을 구하러 갔다가 사백삼십 년 동안 모진 고역을 하며 종살이를 하다가 다시 그 땅으로 돌아와 빼앗아 살게 하는 데서도 많은 의문을 갖게 한다.

지구상에는 그보다 좋은 땅이 얼마든지 많이 있었을 것이고 사람이 살고 있지 않은 땅도 있었을 것이다. 그런 땅에서 개척 정신으로 살게 했으면 지금까지 그 땅을 놓고 분쟁하는 일은 없었을 것이다. 이스라엘 민족에게 땅을 빼앗긴 민족인 가나안 족속, 헷 족속, 아모리 족속, 브리스 족속, 하위 족속, 여브스 족속이 나였더라면 어떠했을까 한 번쯤 생각을 해 볼 필요가 있다. 느닷없이 땅을 빼앗긴 심정이 어떠했을까? 내 땅을 찾고 싶을 것이다. 그래서 지금까지 분쟁이 이어지지 않는가. 하나님은 이런 분쟁이 일어날 것을 모르셨을까? 이스라엘 민족만 하나님 자손이고 가나안 땅의 원주민 족속들은 하나님 자손이 아니던가?

분명히 아담의 후손이니 하나님 자손이고, 하나님은 온 인류를 사랑하신다는 것은 성경을 통해 알 수 있듯이, 그들도 하나님의 사랑의 대상임에 틀림없다. 그런 관점으로 성경을 보니 하나님은 성경에 기록된 사실 이야기보다는 이스라엘 민족의 생활을 통해 다른 메시지를 전달하시기 위해 이스라엘 민족을 선택했다는 것을 알 수가 있었다. 야비한 방법으로 재산을 모으는 야곱과 부도덕한 친부 강간의 롯의 딸들 등의 이야기들과, 복을 주겠다고 끌려 다니며 수천 년을 고생하다가 결국 멸망하고, 현재는 매우 작은 나라로 이웃 나라와 분쟁하며 겨우겨우 살아가는 이스라엘. 그에 비해 타민족인 온 세계의 큰 나라들은 하나님의 속박을 받지 않고도 이스라엘보다 크고 부자이고 안정된 생활을 하는 강한 나라들이 아닌가. 어떤 것이 복받을 모습인가?

성경을 부정하는 말이 아니라, 다듬거나 거르지 않고 원색적으로 사실 그대로 기록한 구약 성경의 이런 내용을 접할 때마다 느낀 점이 있는데 그것은, '아! 성경은 겉으로 나타난 이스라엘의 역사 이야기를 전하는 것이 목적이기보다는 다른 이야기를 전하고자 하는데 더 큰 목적이 있구나' 하는 생각이 들었다. 그리고 자세히 살펴보니 그들의 생활 속에 하나님의 메시지를 숨겨서 전하고 있다는 것도 알게 되었다. 알고 보니 성경은 처음부터 끝까지 예수 그리스도에 대한 이야기책이며, 그분을 통한 인류의 구원이 성경을 기록한 목적이라는 것을 알게 되었다. 그것밖에는 아무것도 없다는 확신을 갖게 되었다. 이제 이런 생각과 주장을 하나씩 증명해 나갈 것이다.

I부

계시와 성취

구약 성경 속에는 예수님의 십자가의 사건을 암시(계시)하는 내용들이 많이 숨어 있다는 사실을 아는 사람들은 많다. 그러나 어렴풋이 조금 알거나 그렇다고 여기는 사람도 있고, 전혀 모르거나 인정하지 않고 사실 그대로만 믿어야 한다는 분들도 있다.

이 책에는 많이 안다고 자부하는 분들이 깜짝 놀랄 만한 해석도 있으며 조금 알거나 모르는 분들에게는 새로운 성경 지식을 얻게 하는 책이 될 것이라고 확신한다.

구약과 신약 I

구약 성경과 신약 성경의 관계는 계시와 성취의 관계이다.

구약 성경 (하나님의 뜻을 전하는 계시의 책)	신약 성경 (그 계시를 따라 성취된 기록)
계시(성부 하나님)	성취(성자 하나님)
이스라엘 민족이 사역자	성도들에 의해 성취
가나안 땅을 기업으로(상징)	하나님 나라를 기업으로(실체)
물질의 세계(육체)	영의 세계
허상(땅의 복)	실상(하늘의 복)
한시적(불만족)	영원한(만족)
수고하고 무거운 짐(정과 욕심)	내려놓고 쉼
죽음	영생

가인은 이스라엘 민족의 레위 지파의 제사장을 예표하고,
아벨은 예수 그리스도(대제사장)를 예표한다.

최초의 살인 사건 속에 감추어진 비밀의 계시

✝

성도들 중에는 구약 성경과 신약 성경의 말뜻을 생각지 못하고 신앙생활을 하는 경우가 많다. 구약 성경은 옛날 약속의 말씀이고, 신약 성경은 새 약속, 현재의 약속의 말씀이라는 뜻이다. 그러므로 우리에게 해당되는 약속은 지나간, 묵은 약속인 구약이 아니라 새 약속 신약이 되는 것이다. 이 시대는 신약 시대이기 때문이다. 그러므로 구약 성경을 무시할 수는 없지만 우리는 신약 성경을 중히 여기고, **신약 성경을 지침서로 삼아서 신앙생활은 물론이고 일상생활을 해야 된다고 생각한다.**

우리의 지침서인 신약 성경이 존재하는데 많은 교회들이 아무 거리낌도 없이 구약 성경을 신약 성경보다 더 많이, 더 깊게 다루며 성도들의 일상생활에 적용하며 지침서로 삼고 있다. 이런 모습은 분명히 잘못된 모습이다. 구약 성경의 율법은 이스라엘 민족이 지켜야 했던 지침서이며 그들의 역사서이기 때문이다. 하나님은 아브라함을 선택하사 그 후손들인 이스라엘 민족을 하나님의 백성 삼으시고 젖과 꿀이 흐르는 땅이라고 불리는 가나안 땅을 기업으로 주겠다고 약속하시며, 그 조건으로 하나님이 주신 율법을 잘 지켜 준행하라고 하셨다. 그래야 복을 주신다고 하셨는데, 그들은 율법을 온전히 지키지 못함으로, 받았던 가나안 땅도 외세의 침략으로 다시 빼앗기는 신세가 되었다.

하나님은 그들이 율법을 온전히 지키지 못하고 불순종할 것을 미리 아셨고, 그들을 위해 **율법을 대신 지켜 줄 메시아(예수 그리스도)**를 보내 주실 것을 계획하시고 그 메시아로 인해 새 시대가 열리게 될 것을 선지자들을 통해 예언케 하셨다. **이것이 구약 성경 대강의 내용이다.** 그리고 하나님의 계획과 선지자들의 예언을 따라 메시아이신 예수께서 오셔서 율법을 온전히 지키심으로 그를 구세주로 믿는 자들에게는 새 이스라엘인 이면적 유대인으로 삼아 옛 약속의 것이 아니라 새로운 것 하나님 나라를 기업으로 주겠다는 **약속의 말씀이 신약 성경이다.**

구약 성경은 현시대, 신약 시대인 예수님 시대에 일어날 일에 대한 비밀의 계시이다. 그래서 구약은 신약의 그림자이며 허상이고, 신약은 구약의 실체이다. 이런 구조로 이루어진 성경을 아는 이는 많지만 전혀 생각지도 못하는 분들이 있어 신약 성경에서 이렇게 기록하고 있다.

> "저희 마음이 완고하여 오늘까지라도 구약을 읽을 때에 그 수건이 오히려 벗어지지 아니하고 있으니 그 수건은 그리스도 안에서 없어질 것이라
> 오늘까지 모세의 글을 읽을 때에 수건이 오히려 그 마음을 덮었도다"
> (고후 3:14-15)

구약 성경을 이해할 수 있는 마음을 수건으로 덮고 있다는 말씀이다. 그 수건은 무엇이겠는가? 인본주의적 사고방식이라 하겠다. 구약 성경이 예수님 시대에 일어날 일을 계시하는 책인 것을 깨닫지 못하고, **인본주의적 사고방식으로 구약 성경을 보고 구약 성경 속 사람들이 받은 복을 받으려 하는 것은 참으로 시대를 거꾸로 사는 사람들이다.**

신약 시대에 오신 예수께로 돌아가면 그 수건이 벗겨져서 구약을 밝히 알 수 있게 된다.*(고후 3:16)* 이해하기 쉽게 표현해 보면 손가락으로 가리키는 지점을 보는 것이 아니라 가리키는 손만 바라보고 그 손에서 무엇을 찾으려 하는 우매한 행동이란 것이다. 다시 말해서 구약 성경이 신약 성경을 가리키는데 구약 성경만 보고 신약은 바라보지 못하는 행동이라 할 수 있겠다. 심지어는 구약 성경에 얽매여 율법의 말씀을 잘 지켜 복을 받겠다는 사람들을 보고 *"붙잡지도 말고 맛보지도 말고 만지지도 말라"(골 2:21)*라고 말씀하고 있다.

> "나의 복음과 예수 그리스도를 전파함은 영세전부터 감취었다가 이제는 나타내신바 되었으며 영원하신 하나님의 명을 좇아 선지자들의 글로 말미암아 모든 민족으로 믿어 순종케 하시려고 알게 하신바 그 비밀의 계시를 좇아 된 것이니"
> (롬 16:25-26)

예수 그리스도의 나타나심은 영세 전부터 감추어졌던 분이 나타나신 것이며 선지자의 글(선지서)이 비밀의 계시를 따라 이루어진 일이라고 기록하고 있다. **영세 전부터 계셨던 예수 그리스도는 구약 성경에서 글로 감추어져 전하게 되었고 그 감추어졌던 분이 나타나신 것이다.** 창세기 사람인 가인과 아벨의 이야기 속에서 숨겨진 예수 그리스도를 찾아보자.

> "세월이 지난 후에 가인은 땅의 소산으로 제물을 삼아 여호와께 드렸고
> 아벨은 자기도 양의 첫 새끼와 그 기름으로 드렸더니 여호와께서
> 아벨과 그 제물은 열납하셨으나
> 가인과 그 제물은 열납하지 아니하신지라"
> (창 4:3-5)

> "가인이 그 아우 아벨에게 고하니라 그 후 그들이 들에 있을 때에
> 가인이 그 아우 아벨을 쳐 죽이니라"
> (창 4:8)

형 가인은 농사짓는 자였고 동생 아벨은 양 치는 자였다. 직업 특성상 형 가인은 땅의 소산으로 하나님께 제사를 드렸고, 동생 아벨은 양의 첫 새끼와 기름으로 제물 삼아 드렸는데 하나님은 형 가인의 제사는 받지 않으시고 동생 아벨의 제사만 받으셨다. 무엇이 문제였을까? 가인의 입장에서 보면 매우 억울할 수밖에 없는 일이었다. 제사에 대한 어떤 법이 존재하지 않았었는데, 아우 아벨이 더 나은 제사를 드렸다는 것은 이해할 수가 없는 일이다. 그리고 **가인의 제사는 받지 않으시고 아벨의 제사만 받으신 이유도 기록되어**

있지 않다. 그것이 비밀의 계시이다.

그 비밀의 계시를 하시기 위해서 하나님은 애당초 아우의 제사만 받으시기로 작정하셨던 것이다. 둘이 제사를 드렸다는 것을 둘 다 제사장이라는 관점에서 보면 이야기는 풀리기 시작한다. 땅의 것을 제물 삼아 드린 형 가인은 율법을 따라 이 세상 땅의 소산으로 예수께서 오신 그 시대까지 성전에서 제사를 드렸던 이스라엘의 레위 지파의 제사장들을 예표하며, 양의 첫 새끼를 제물 삼아 드린 아벨은 이 시대의 하나님의 양 무리들 중에서 제일 처음 하나님의 어린 양으로 태어나신 예수 그리스도를 예표한다.*(요 1:29)*

그러므로 가인의 제사는 받지 않으시고 아벨의 제사는 받으셨다는 말씀은 이스라엘 제사장 형의 제사는 받지 않으시고, 예수 그리스도 동생의 제사는 받으실 것을 암시하는 내용의 사건이다. 이스라엘의 제사장이 어째서 형이고, 예수께서는 어째서 동생이냐고 질문을 할 것이다. 이스라엘 제사장은 예수님보다 수천 년 전에 이 세상에 먼저 태어난 하나님의 자손(피조물) 아담의 후손이고, 예수님은 겨우 이천 년 전에 이 세상에 태어난 하나님의 아들이시니 이스라엘의 제사장들이 형이고 예수님은 동생, 아우인 것이다.

같은 하나님의 자손으로 이 땅에 태어났으며 분명히 형과 아우의 관계이다. 이스라엘의 제사장들이 드린 제사는 아무리 많이 드려도 온전치 못한 제사이므로 연납지 않으신다고 히브리서에 기록하고 있다.*(히 10:8-10)* 그리고 예수님의 제사는 연납하셨다고 같은 서신서에 기록되어 있다. 예수께서 십자가에 죽으신 것은 형으로 이 세상에 먼저 태어난 이스라엘의 제사장들이 자신들도 모르게 구약 성경의 가인과 아벨의 사건 속에 숨겨진 비밀의 계시를 성취시키기 위하여 동생 예수님을 시기하는 마음이 들었고, 안색이 변하며 정죄하고, 본디오 빌라도에게 참소하고 로마 병정들에게 넘겨주어 죽게 한 것이다.*(요 18:19-)*

제사장들과 유대인들이 예수님을 정죄하며 죽인 것은, 형이 동생을 죽인 것이 분명하며 동생 예수 그리스도를 죽인 이스라엘의 제사장들은 하나님 아버지 집에서 함께 살지 못하고 사탄의 세상에서, 그리고 지옥 불에서 고통당하며 유리하는 신세가 되고 말았다. 형 가인이 아버지 아담의 집에서 쫓겨난 일과 같은 모습이며, 그 계시가 성취된 것이다. 또 죽은 아벨 대신, '셋'이라는 이름을 가진 새 씨를 주어 그로부터 하나님의 백성인 이스라엘 민족이 탄생하고 번성하게 된 것은 예수께서 죽어 장사된 지 사흘 만에 다시 살아나신 **부활의 예수님으로부터 하나님 백성인 새 이스라엘 민족인 성도들이 번성하게 된 일을 예고한 계시의 사건이다.**

가인과 아벨의 사건은 최초의 살인 사건이지만, 하나님은 그 사건 속에, 예수 그리스도의 십자가상에서의 사역을 비밀리에 전하고 계셨던 것이다. **살인 사건을 알리는 것이 목적이 아니라 예수 그리스도의 십자가 사역을 알리는 비밀의 계시가 더 큰 목적인 것이다.**

구약 시대(계시)		신약 시대(성취)	
가인	아벨	이스라엘의 제사장	예수 그리스도(대제사장)
형	아우	수천 년 전에 태어난 아담의 자손	이천 년 전에 태어난 하나님의 아들
땅의 소산으로 제사	양의 첫 새끼로 제사	땅(세상)의 소산으로 제사 (송아지, 양, 염소, 고운 가루- 불완전 제물)	양의 첫 새끼로 제사 (자신의 몸- 완전 제물)
연납지 않으심	연납하심	연납지 않으심	연납하심
아버지 집에서 쫓겨남	아버지 집의 상속자 (새 씨 셋으로부터 번성)	아버지 집에 못 들어감 (유리하는 자)	부활의 예수님 새 씨로 성도들 번성(상속자)
이방 민족	하나님 백성	세상 이방인	하나님 백성

구약과 신약 II

"내가 나의 두 증인에게 권세를 주리니
이는 이 땅의 주 앞에 서 있는 두 감람나무와 두 촛대니"
(계 11:3-4)

구약 성경과 신약 성경은 짝이다. 계시와 성취의 관계로 짝이다.

계시	성취
모세	예수 그리스도
대제사장(레위 지파)	대제사장(멜기세덱의 반차)
민족의 인도자 (이스라엘, 하나님 백성)	성도들의 인도자 (새 이스라엘, 하나님 백성)
광야	교회
가나안 땅 목전까지	하나님 나라 목전까지
새 시도자 여호수아와 갈렙	새 인도자 부활의 예수와 성령
가나안 땅 입성	하나님 나라 입성
땅의 예루살렘	하늘의 예루살렘

신약의 세례 요한과 예수 그리스도는
구약의 아론과 모세의 실체이다.
거꾸로 구약의 아론과 모세는
신약의 세례 요한과 예수 그리스도의 그림자이며 예표이다.

아론과 모세 그리고 요한과 예수 그리스도

✝

구약 성경은 신약 성경의 그림자이다. '모세는 예수님의 예표이다, 아브라함도 예수님의 예표이다' 하는 정도의 성경 지식은 누구나 갖고 있다. 그러나 어째서 그러한가 설명해 보라면 설명할 수 있는 사람은 그리 많지 않다고 본다. 그래서 그 대답을 할 수 있는 약간의 지식을 전하기로 하겠다.

> "너희는 여호와의 책을 자세히 읽어 보라 이것들이 하나도 빠진 것이 없고 하나도 그 짝이 없는 것이 없으리니 이는 여호와의 입이 이를 명하셨고 그의 신이 이것들을 모으셨음이라"
> (사 34:16)

성경을 자세히 읽어 보면 짝이 없는 게 없다고 말하며, 여호와께서 그것들을 명하셨기 때문이라고 기록된 것을 알 수 있다. '짝'이라고 하면 같은 단어나 내용을 말하는 것으로 생각하는데, 여기서 말하는 '짝'은 계시와 성취의 관계를 말하는 것이다. 또 좁은 의미로는 그림자와 실상, 예표와 실체를 말한다. 맑은 날 해를 등지고 걸으면, 나와 같은 모습을 하고 같은 행동을 하는 그림자가 함께 걸어가는 것을 볼 수가 있다. 그러나 그림자에는 형상만 있을 뿐 눈, 코, 입 등의 모양의 실상은 보이지 않는다. 둘은 짝이지만 그림자는 허상이며, 나는 실체고 실상이다. 구약 성경과 신약 성경과의 관계가 바로 그런 관계다. **다시 말해서 구약 성경도 그림자요 허상이고, 신약 성경은 실상이며 실체다.** 그래서 구약 성경은 그림자, 어두움이다.

실체이신 예수 그리스도께서 구약 성경 속에 숨어 있다가, 빛을 비추면 숨겨졌던, 실체이신 예수께서 신약에 나타나 보이게 된 것이다.*(롬 16:24)* 예수님의 탄생을 두고, 말씀이 육신이 되어 오셨다고 했다.*(요 1:14)* 그 오신 예수님은 또 태초에 있었던 말씀이 육신으로 오셨다고 기록하고 있다.*(요 1:1)* 태초라 함은 창세 이전이란 말이지만, 여기서 말하는 태초는 구약 성경을 가리키는 말씀으로 이해해야 성경이 풀린다. 그러므로 구약 성경의 말씀 속에는 예수님이 숨겨져 있다는 뜻이 된다. **구약 성경의 말씀 속 어디에 예수님이 숨겨져 있는가**는 앞장에서 이미 설명했지만, 앞으로도 계속 이어질 것이다.

모세와 아론의 이야기를 통해 알아보자. 모세는 하나님의 명을 받아 이스라엘 민족을 애굽의 바로의 압제로부터 탈출시켜 광야를 거쳐 가나안 땅에 들어가기 직전까지 인도한 민족의 지도자다. 그리고 그의 형 아론은, 모세를 도우라고 하나님이 세워 주신 보조 지도자다. 형이 동생을 도우라고 하나님이 세우셨다. 우리의 상식으로는, 형만 한 아우가 없다고, 형이 큰 역할을 맡고 동생은 보조를 하는 것이 마땅하다는 생각을 가지고 있으나, 성경에 등장하는 형들은 모두가 동생만 못해서 쫓겨나거나 배척을 당하며 보조자가 된다. 여기에 성경의 큰 비밀이 있다.

지금은 모세와 아론에 대해서만 생각해 보자. 모세와 아론은 레위 지파의 제사장인데, 모세는 특별 제사장이면서 대제사장이고, 형 아론은 대제사장이다. 하나님께 제사할 때, 제사장이 대제사장을 도와서 의식을 치르도록 율법의 제사법에 기록되어 있다.*(레 9:1-14)* 아론은 대제사장이지만 동생 모세의 지시에 따랐고, 제사는 물론 일상생활에서도 보조자 역할을 계속했다.*(레 9:23, 모세오경)* 이것 역시 신약 시대에 있게 될 역사에 대해 암시한 것이고 계시한 내용이다. **그 계시를 따라 신약 시대에 세례 요한과 예수님의 사역으로 성취되어 나타났다.**

세례 요한은 예수님보다 먼저 이 세상에 태어나서 "회개하라, 천국이 가까이 왔느니라"라고 외치고 다니며, 따르는 자들에게 세례를 주었다. 육체적으로 보면 요한은 예수님보다 세상에 먼저 태어난 형에 해당한다. 왜냐하면 요한도 하나님 창조한 아담의 후손이고, 예수님도 이 세상에 육체를 입고 오신 하나님의 성자이므로 두 분 모두 하나님의 한 태에서 태어난 존재로서 형과 아우의 관계인 것이다. 요한은 레위 지파의 제사장 사가랴의 아들로, 제사장의 직분을 물려받은 분이다.*(눅 1:5, 3:2)*

그리고 요한은 주의 길을 예비하고 그 첩경을 평탄케 하려고 태어났다고 기록하고 있다.*(막 1:3)* 예수님을 돕는 보조자로 태어난 것이다. 회개의 세례를 전파하며 온 유대와 예루살렘, 요단강 부근 각

처를 다니며 메시아의 탄생을 예고하며 전파하고 다닌 결과, 많은 사람들에게 세례를 주어 주를 따르게 했다. 그 처음 세례를 받은 무리들이 예수님을 따라다니던 무리들이다.*(마 4:25)* 주의 길을 평탄케 하는 보조자의 역할을 감당한 것이다. 예수님을 따라다니는 무리들은, 모세가 애굽에서 건져 낸 히브리 민족이 모세의 인도를 따라 하나님 말씀을 받으며 가나안 땅을 향해 가던 모습이 성취되기 위해 실현된 역사의 사건이다. 그래서 요한이 세례를 주고 예수님을 따라다니던 무리들은 예수님께 말씀을 받으며 예수께서 죽으실 때까지 하나님 나라로의 인도함을 받은 것이다.

요한의 세례는 모세가 애굽에서 이스라엘 민족을 이끌어 내고 광야를 거쳐 가나안 목전까지 인도한 일의 성취를 위한 시작의 한 장면이다. 분명한 것은, 형 요한이 동생 예수님을 도우신 것이다. **요한과 예수님은 아론과 모세의 실체, 아론과 모세는 요한과 예수님의 예표이다.** 세례 요한의 역할은 겉으로 보이는 세례의 역할보다 매우 큰 성경의 비밀의 계시를 성취시키는 또 하나의 역할이 있는데, 그것은 〈다 이루었다 Ⅰ〉편에서 설명할 것이다.

또 아론과 모세 중에서 형 아론이 먼저 죽고, 동생 모세가 가나안 목전에서 나중에 죽은 것처럼, 신약 시대의 예수님과 요한 중에서 먼저 태어난 형 요한이 먼저 죽고 동생 예수님이 나중 죽으셨다. 그리고 모세가 가나안 목전에서 죽은 것처럼, 예수님도 육신의 몸으로는 천국에 가지 못하고 이 세상에서 죽음을 맞이하셨다. 여호수아가 모세의 직분을 물려받아 갈렙과 함께 이스라엘의 새 지도자가 되어 가나안 땅으로 인도한 것처럼, 새로운 지도자가 되시는 부활의 예수님이 천국에 들어가심으로 그 뒤를 따라 성령님과 함께 성도들이 가나안 땅의 실체인 천국에 들어가게 되는 것이다.

그러므로 구약 성경과 신약 성경은 계시와 성취, 그림자와 실상, 예표와 실체의 관계로 짝을 이루고 있는 것이다. **모든 성경은 예수 그리스도의 십자가의 사역에 초점이 맞추어져 있으므로,** 구약 성경의 임무는 신약 시대에 있을 예수님의 사역을 계시하는 것이고, **그 계시의 임무는 세례 요한의 사역으로 끝이 나게 되는 것이다.**

> "율법과 선지자는(구약 성경) 요한의 때까지요 그 후로부터는 하나님 나라의 복음이 전파되어 사람마다 그리로 침입하느니라"
> (눅 16:16)

구약 성경 속에는 이스라엘 민족을 대상으로 하는 구약이 들어 있고, 신약 성경 속에는 성도들을 대상으로 하는 신약이 들어 있다는 사실을 상고하면서 성경을 보아야 한다. 그리고 우리에게 해당되는 것은 어느 쪽인가를 생각하면서 분별력 있는 신앙인이 되어야 할 것이다. 얼굴과 마음에 가려진 인본주의적 집착의 수건들이 벗겨져서 구약 성경의 기록의 목적을 무시한 적용의 오류를 범하지 않고, 숨겨져 있는 예수 그리스도를 좇아 바른길을 가는 성도들이 되어야 할 것이다.

구약 성경 속에는 우리가 신앙생활을 하는 동안에 필요한 영적 교훈들이 많이 있어서, 그 의미를 찾아 적용하고 신앙생활을 하는 것은 별문제가 될 것은 없다. 특히 전도서, 잠언, 시편과 같은 시가서는 성도들의 수준 높은 인격 형성과 생활의 지침으로 삼기에 너무나 훌륭한 책이다. 그러나 겉으로 나타난 사실 이야기를 우리의 실생활에 적용하면 **자칫 지나친 기복주의와 신비주의로 흘러가서, 냉혹한 현실 사회에서 기적만 바라는 게으르고 의타적인 사람들로 양육된다.** 냉혹한 육체의 생활, 곧 살아 내기 위하여서 만으로도 충분히 분주하고 고달픈 인생살이를 환상과 착각으로 요행수만 바라는 성도들이 될 가능성이 매우 높다는 것을 저자의 과거 신앙생활만 보더라도 충분히 알 수가 있다.

우리의 믿음은 예전부터 성경의 의미를 알려고 하지 말고, 사실 그대로 무조건 믿으라는 교육에 세뇌되어 있다. 그런데 의미를 모르면, 아니 알려고 하지 않으면, 하나님의 뜻과는 전혀 다른 모습으로 살게 되는 누를 범하게 된다. 성경의 의미를 알면, 모르는 것보다 분별력이 있게 돼서 반듯한 신앙인의 모습을 갖게 된다. 잘못 인도하는 길을 맹목적으로 따라가는 신앙이 아니라 냉철하게 생각해 보는 자세를 가질 때, 객관적인 판단으로 성경을 알게 되고 허상을 쫓는 우매자의 길을 가지 않게 된다.

구약 성경의 내용에는 아브라함의 후손인 이스라엘 민족이 복받는 이야기의 기록이 많다. 그 복을 받는 동안에는 수많은 전쟁을 해야 했고, 타민족과 싸우고, 죽이고, 노략물을 취하기도 했다. 물론 때론 공격을 당하기도, 패배하기도 했지만, 핵심은 타민족을 몰아내고 쟁취하거나 속여 취한 것이 이스라엘의 복이었다. 이런 글을 계속 접할 때에, 성도들의 마음에 형성되는 잠재의식은 강인한 정신이라는 긍정적인 효과도 있지만 아주 좋지 않은 생각을 갖게 하는 부작용이 더 크게 자리 잡게 된다. 하나님은 타민족을 사람으로도 여기지 않고, 이스라엘 민족만 사랑하는 분으로 여겨져서 이 시대에도 성도들만 사랑하는 하나님으로 착각하게 되는 것이다.

그리고 믿는 자의 마음 상태는 공격적이고, 완악하고, 고집불통 외골수가 되고, 쟁취하려는 마음만 가득해져 결국 매우 이기적인 사람이 되고 만다. 예수를 믿는 성도들만 사람답게 보이고, 믿지 않는 세상 사람들은 격멸의 대상으로 여기며, 상대해서는 안 되는 존재로 여기게 되는 것이다. 이런 모습은 예수님의 가르침과 신약 성경이 요구하는 정신과는 정반대되는 현상이다.

이 시대는 신약 시대이므로, 구약 성경은 덮어놓고 신약 성경만 가져도 천국 가는 믿음을 기르거나, 유지하는 데에 아무런 문제가 없다고 본다. 오히려 성도들을 성도답게 양육할 수 있는 비결이 될 수도 있다. **예수님의 가르침은, 온유와 자비와 긍휼과 탐심의 배척과 죄성의 근절이다.** 구약 성경에는 영적 교훈이 들어 있지만, **표면적인 성경에 심취되면 성경이 마치 세상 복을 주기 위하여 기록된 것으로 착각하고, 가르치고, 받아들이게 된다.** 그것은 부작용의 모습이지 참다운 모습이 아니다. 평생 세상 복을 받지도 못하고 기대만 하다 끝나면서 말이다.

하나님의 뜻과 성경의 기록 목적은, 오직 예수 그리스도를 통한 천국 백성으로의 인도함이다.

※ 구약 성경에 몰입하면 나타나는 현상

이스라엘 민족은 끝없이 하나님의 말씀을 어기므로 축복보다는 징벌을 더 많이 받았다. 그런데 나는 '그들보다 더 나을까?'라는 부담감에 끝없는 근심, 걱정, 불안, 공포심, 죄책감이 마음에 가득하여 평안보다는 괴로움이 더 많게 되었다. 저자는 늘 그러했다. 그 이유는 이스라엘 민족과 똑같이 아담과 하와의 피를 물려받았기에 그 성품이 더 낫지 못하다는 것을 알았기 때문이다. 그러나 지금은 그런 마음을 다 떨쳐 버리고 평강 가운데 살고 있다.

구약과 신약 III

"예수께서 대답하여 가라사대 너희가 성경도, 하나님의 능력도 알지 못하는 고로 오해하였도다"
(마 22:29)

구약 성경의 주역인 이스라엘 민족은 자신들의 실생활과,
받아 적어 지켜야 했던 율법들이 무슨 뜻을 담고 있는지
보기는 보아도 알지 못하며, 듣기는 들어도 깨닫지 못했다.
그 이유는 그들이 알지 못하여 귀머거리요 소경이요
앉은뱅이가 되게 하기 위하여,
비유와 상징으로 비밀의 계시로 기록했기 때문이다.

말씀의 비교

구분	예표	실체
관계	짝	
성경	구약	신약
선포자	성부 하나님	성자 하나님
대상	모세와 이스라엘의 열두 지파 손	베드로와 열두 제자와 성도들
반포 장소	시내산	하틴산
말씀	계명과 율법	팔복의 말씀(새 계명)과 산상수훈
지키는 장소	광야와 가나안 땅	교회와 천국
목적	가나안 땅의 정복	하나님 나라(천국)를 기업으로

구약 성경은 성부 하나님께서 아브라함을 불러서 그의 후손에게 자손의 번성으로 민족을 이루는 복과 거주할 그들의 땅을 주시겠다는 약속의 말씀이며, 그 약속을 하나님이 실행하실 것이고, 이스라엘 민족은 그 조건으로 율법을 잘 지켜 준행하라는 말씀이다. 모세를 통하여 시내산에서 선포하셨다. 앞에서도 언급한 이야기지만, 반복적으로 같은 말을 하지 않고는 설명이 어렵기 때문에 계속 반복할 수밖에 없다는 것을 밝혀 두고 싶다.

신약 성경을 자세히 읽어 보면, 이스라엘 민족은 율법을 온전히 지켜 준행할 수 없는 수준의 말씀이었기 때문에 늘 불순종의 죄를 지었다고 기록하고 있다.*(히 10:1-3)* 또한 그들의 인간성으로는 명령하신 율법의 말씀을 지킬 수 없다는 것을 미리 아시고, 율법의 말씀을 대신 지켜 줄 메시아를 보내 주겠다고 약속한 말씀이 구약 성경이다.*(히 10:5)*

그런데 현재의 성도들은 이스라엘 민족처럼 복받기를 원해서, 이스라엘 민족이 지켜야 했던 **율법을 지켜 준행하며, 또 아브라함처럼 시험에 통과하면,** 자신들이 원하는 물질의 복을 주실 것이라 믿고, 구하며 하나님의 응답을 요구한다. 만유의 주재이신 하나님께 내 안녕을 비는 것은 당연한 일이지만, 그들이 지키지 못한 율법을 지키고 순종한 결과로, 그 대가로 복을 받겠다는 것은 잘못된 성경 이해고 잘못된 적용이며 오만이다.

이스라엘 민족에게 말씀하신 약속은 반드시 지키시는, 거짓이 없으신 하나님이시라고 하면서 현재의 내가 원하는 복을 빌어서 받아내고 말겠다는 것은 하나님의 권위에 도전하는 것이다. 하나님과 직접 동행하던 그들도 수시로 불순종하고 지키지 못한 말씀을 잘 지키겠다? 이스라엘 민족과 똑같이 허물 많은 아담의 핏줄을 타고 났는데 말이다. 인간들의 연약함과 허물을 도우러 예수께서 오셔서 대신 죽으시고, 허물로 인한 죄를 도말하셨는데 말이다. **이는 곧 자신이 예수님보다 더 나은 능력을 가진 자라는 말이 되는 것이며, 메시아 예수님이 필요치 않다는 말이 되는 것이다.**

또 하나 알아 두어야 할 것은 이스라엘 민족이 원하는 것을 하나님이 주신 적이 없고, 하나님이 계획하신 대로 그들을 끌고 가시며 끝내 하나님이 주시고자 하는 것(가나안 땅)을 주셨다는 사실을 기억해야 할 것이다. 성경을 폭넓게 상고하지 않으면, 오해의 소지가 많다. 우리가 성경을 오해하게 되는 원인은 앞뒤 문맥을 연결하여 보기보다는 한 문장만 뽑아서 보고, 인용하기 때문이다. 예문을 들어 보자.

> "여호와의 말씀에 내 생각은 너의 생각과 다르며 내 길은 너희 길과
> 달라서
> 하늘이 땅보다 높음같이 내 길은 너희 길보다 높으며 내 생각은 너희
> 생각보다 높으니라"
> (사 55:8-9)

위 본문의 말씀은 우리가 가장 많이 사용하는 기복주의 성경 구절이다. 사람들은 구약 성경의 기록을 문자적인 내용 그대로만 받아들여서, 이 세상의 복받는 이야기로만 이해하지만, 하나님의 생각과 길은 너희들이 생각하는 세상에 관한 생각과 길이 아니라는 말씀을 하고 있는 것이다. 다시 말해, 너희들이 생각하는 것 이상의 높은 생각과 길이, 하나님께 있다는 말씀이다.

여호와의 그 높은 생각과 길은 이스라엘 민족을 구원하는 것이 아니라 온 인류를 구원하고자 하는 생각과 길이다. 그리고 **여호와 하나님은 그 일을 위하여 말씀을 선포하시고 명령하셨으며, 그 뜻을 반드시 이룰 것이라는 말씀을 11절에서 하고 계신다.** 그런데 이

말씀을 얼마나 엉터리로 적용하고 있는지, 안타깝기 그지없다. 부동산 투기를 할 때, 살까? 말까? 할 때, 사업을 할 때, 될지 안 될지를 결정할 때, 또 차후의 결과를 보고 판단할 때 이 말씀을 적용하고 있는데 이는 성경을 모독하는 행위들이다.

> "홀로 사는 자의 자녀가 남편 있는 자의 자녀보다 많음이라"
> (사 54:1)

이 말씀은 문자 그대로 보면, 혼자 사는 여자들의 자녀가 결혼한 여자들의 자녀보다 많아지리라는 말씀으로 이해할 수밖에 없는 말씀이다. 그러나 사실 이 말씀은, 육체를 가지고 결혼하여 태어나는 자녀들보다 홀로 사는 예수님의 자녀인 영적 자녀 성도들의 수가 더 많아질 것이라는 말씀이다.

> "숨은 것이 장차 드러나지 않을 것이 없고 감추인 것이 장차 알려지고 나타나지 않을 것이 없느니라"
> (눅 8:17)

이 말씀을 우리의 상식으로 이해하면 우리의 일상의 비밀이 다 드러나게 될 것이라는 말씀처럼 느껴지나 이 말씀도 역시 구약 성경 속에 감추어져 있던 예수께서 드러나 보이시고 나타나 보이시게 된 것이라는 말씀이며 당신이 오신 것이 구약 성경에서 감추어서 전해 온 일을 하시러 오신 분이라는 것을 말씀하고 있는 것이다.

이제 신약 성경을 살펴보자. 신약 성경은 구약 성경에서 감추어져 전한 비밀의 계시가 성취된 내용을 기록한 책이다. 그러므로 그 계시를 따라오신 예수께서 이면적 유대인인 성도들이 하나님 나라로 가는 동안에 교회 생활을 하는 동안 지켜야 할 말씀을 산에 올라 성도들의 왕으로서, 좌정하사 선포하셨다.

그것이 팔복의 말씀과 산상수훈이다.*(마 5-7장)* 이 팔복의 말씀과 산상수훈의 말씀은 성도들의 지켜야 할 새 계명과 새 법이 되는 것이다. 우리는 이 팔복의 말씀을 이 세상 사는 동안에 받는 복이라고 오해하고 있다.*(마 5:3-12)* 구약 성경과 신약 성경이 짝이라는 시각으로 보면 **이 팔복의 말씀은 구약의 십계명과 같이 성도들에게 새롭게 주어지는 새 계명에 해당한다고 보아야 한다.**

본문 기록은 생략하고 1

팔복의 말씀을 간단하게 해석하면 이러하다.

※ 해석

일 계명. 심령이 가난한 자가 되어야 천국을 소유할 수 있다.

이 계명. 애통하는 자가 되어야 하나님의 위로를 받을 것이다.

삼 계명. 온유한 자가 되어야 하나님 나라의 땅을 기업으로 받게 된다.

사 계명. 의에 주리고 목마른 자가 되어야 하나님의 자녀가 될 수 있고, 영이 배부를 것이다.

오 계명. 긍휼이 여기는 자가 되어야 하나님의 긍휼 있는 심판을 받으리라.

육 계명. 마음이 청결한 자가 되어야 하나님 나라에서 하나님을 볼 것이다.

칠 계명. 화평케 하는 자가 되어야 하나님의 아들로 인정받게 된다.

팔 계명. 의를 인하여 받는 핍박을 두려워 말라. 반드시 천국 백성이 되어 상을 받으리라.

(마 5:3-12)

이상의 팔복의 말씀은 하나님 나라를 소유하게 될 성도들의 마음가짐과 자세, 그리고 행동에 대한 지침이라고 말할 수 있으며, 우리의 심령 속에서 이루어져야 하는 덕목들이다. 그리고 산상수훈은 이스라엘 민족에게 선포된 율법의 생활 규례처럼 성도들의 의무와 옳은 행실을 위한 지침서이다. 더 나아가, 제자들의 서신서도 모두 성도들의 지침서이다. **제자들이 하신 말씀은 예수님을 따라다니며 듣고 본 바를 전한 말씀들이기 때문에, 예수님의 말씀과 동일시 여겨야 한다.** 신앙생활 하는 동안에 성도들이 지켜야 할 지침서는 신약 성경 전체이다.

이상의 팔계명의 말씀을 좀 더 자세히 설명하면 다음과 같다.

· 심령이 가난하다는 것은 마음속에 있는 세상 욕을 버리는 것이다. 온갖 욕심으로 꽉 찬 마음은 빈 그릇이 되어야 천국 백성이 될 수 있다.

· 애통은 간절히 사모할 때 나타나는 감정이다. 천국을 간절히 사모하는 자라야 천국 백성이 될 수 있는 규범도 지키게 되어 천국 백성이 되어 하나님의 위로를 받게 된다.

· 온유한 자라는 뜻은 겸손이다. 하나님과 천국을 믿지 않고 교만하게 자기 힘과 생각대로 행동하는 자가 아니라, 하나님을, 말씀을 엄히 여기고 예수를 구주로 믿는 겸손한 자가 하나님 나라의 땅을 기업으로 받게 된다. 세상의 땅을 받는 것이 아니다.

· 의에 주린다는 뜻은 의인이 되고 싶어 하는 간절한 마음인데, 의인은 죄가 없는 자로 하나님 백성만이 갖는 칭호이다. 목마른 자는 말씀을 사모하는 자이다. 말씀을 사모하고 천국 백성이 되고자 하는 사람은 하나님 나라에서 부유함을 얻게 된다.

· 마음이 청결한 자는 세상에 물들지 않은 자이다. 세상의 가치관을 따라 살지 않는 자, 곧 하나님 나라만을 제 일의 가치로 여기는 자는 이 세상이 아닌 천국에 가서 하나님을 볼 것이라는 말씀이다. 또 믿음으로 죄가 사해진 자를 말한다.

· 화평케 하는 자는 시기, 분열, 질투, 미움, 다툼을 일삼는 자가 아니라 이해와 관용과 용서와 사랑으로 포용하는 자이다. 이런 자가 하나님을 닮은 모습이며 하나님의 아들이라 일컬음받는다.

· 의를 위하여 핍박을 받는다는 말은, 하나님 나라를 전파하고 하나님 나라의 도래를 기다리는 자들이 당하는, 타인으로부터의 부당한 고초를 말한다. 이런 자는 참고 견디면 천국을 반드시 받게 된다는 말씀의 조항이다.

· 예수를 구주로 믿는다는 이유로 욕을 먹고, 핍박을 당하고, 모든 악한 말을 듣고, 모함을 당하더라도 슬퍼하지 말고 기뻐하라. 하늘에서 반드시 포상을 받게 될 것이다.

아담과 예수 그리스도

"죄의 종으로 사망에 이르고 의의 종으로 의에 이른다"
(롬 6:16)

아담	예수 그리스도
첫 사람(먼저 난 사람)	마지막 아담(나중 난 사람)
불순종	순종
사망에 이르게 함	의에 이르게 함
육체를 위하는 마음	육체를 이기는 능력
사탄에게 패배	사탄을 이김
사탄의 종	의의 왕
세상	하나님 나라

아담이 받은 시험은 창조의 상태를 검증받는 시험이었고,
예수님의 시험은 그리스도로서의 자질을 검증받는 시험이었다.

아담의 시험과 예수님의 시험

처음 창조된 아담의 마음은 자신의 육체만을 위하는 마음이 가득했다. 붉은 흙으로 만든 아담은 그 습성을 따라 육체라고 부른다.*(창 6:3)* 그리고 처음 창조된 인간을 가리켜 "육체와 마음이 원하는 것을 하며 사는 존재"라고 성서는 설명해 주고 있다.*(엡 2:3)* 그 본성은 지금까지 모든 육체에게 유전으로 전해 내려오고 있다. 이 본성 때문에 인간의 조상이 하나님 앞에 불순종의 죄를 지었고, 그 결과 사망이라는 형벌이 모든 사람들에게 운명으로 주어지게 되었다.

하나님이 첫 사람, 아담을 창조하시고 "동산 각종 나무의 실과는 네가 임의로 먹되 선악을 알게 하는 나무의 열매는 먹지 말라. 먹는 날에는 정녕 죽으리라"라고 법을 선포하셨다. 그런데 아담은 사탄의 유혹을 이기지 못하고 선악과를 먼저 먹은 아내가 주는 선악과를 먹고 말았다. 그 원인은 그의 마음속에 있던 속성, 육체를 위하고자 하는 마음 때문이었다. 사탄이 아담의 아내 하와에게 "하나님이 너희더러 동산 모든 나무의 실과를 먹지 말라 하시더냐. 결코 죽지 아니하리라. 먹는 날에는 너희 눈이 밝아져서 하나님과 같이 되어 선악을 아는 일에 하나님과 같이 될까 봐 먹지 말라 한 것이다"

라고 말했다.*(창 3:5)*

그때 하와가 선악과를 보니 '먹음직도 하고 보암직도 하고 탐스럽게 보여서' 결국 따 먹었다. 육체의 욕심을 따라, 마음이 원하는 대로 선악과를 먹고 만 것이다. 그리고 자기도 먹고, 남편 아담에게도 주어 아담도 범죄자가 된 것이다. 이처럼 처음 창조의 인간은 사탄을 이기지 못하는 존재들이다. 그 후로부터 아담의 후손인 모든 사람들은 하나님의 진노를 살 수밖에 없는 진노의 자녀들이 되어 죽음의 형벌을 받아야만 하는 죄의 육체가 된 것이다. 그러므로 **아담은 죄와 사망을 물려준 불순종의 육체의 조상이다.**

반면에 예수 그리스도는 어떤 분이신가. 그리스도라는 이름의 뜻은 '기름 부음 받은 자'라는 뜻이다. 큰일을 맡길 때 의식으로 기름을 붓는 고대 중동의 관습처럼, 예수님도 이 땅에서 큰 직임을 맡고 오신 분이라는 뜻이다.

그 임무는 죄와 사망의 몸이 된 불순종의 자녀들을 위하여 하나님께 자신의 몸을 화목 제물로 드려서 하나님의 마음을 풀어 드리고, 사람들의 죄도 용서받게 하여 구원에 이르게 하는 사명이다. 하나님의 진노를 풀어 드리기 위해 오신 분이다. 그분은, 그리스도로서의 임무를 수행하기 전에 하나님께 자질을 검증받으셨다. 그것은 사십 일을 금식하시고 사탄에게 떡과 권세와 세상 영광을 놓고 시험을 받으신 일이다.*(마 4:1-)*

그러나 그분은 온전하신 하나님의 아들이라서, 아담과 같은 육체를 가졌음에도 사탄의 유혹을 이겨 내셨다. 사람이 사십 일을 굶게 되면, 눈에 보이는 무엇이든 먹을 수 있게 보일 것이며 떡을 만들 수 있는 능력이 있다면 얼마든지 만들어 먹을 것이다. 그러나 예수님은 모든 능력을 가지고 있으면서도 행하지 않으신 것이 사탄을 이긴 것이다.

사탄의 말에 따르지 않았으니 세상 권세를 쥔 사탄을 이긴 것이고, 세상을 이기신 것이다. 아담처럼 육체를 가지고 세상에 태어나셨지만 세상 유혹에 넘어지지 않고 그리스도직을 수행할 수 있는 분이라는 것을 하나님 앞에 증명해 보이신 것이다. 그리고 곧바로 산상수훈을 선포하는 첫 임무를 시작할 수 있었던 것이다.

아담은 불순종의 죄를 짓고 자기 후손인 모든 사람들을 죄의 종이 되게 했고 사망에 이르게 하는 허물 많은 땅의 존재이다. 그러나 예수 그리스도는 사람의 몸을 하고 있음에도 아담과 같지 아니하고, 탐심을 이기는 능력이 있으셨으므로 하나님의 명을 받들어 십자가상에서 인류와 하나님 사이의 화목을 이루는 중보자의 역할을 감당하셨다. 예수님의 순종으로, 많은 사람들을 살리는 의를 이루신 것이다. 이것을 가리켜 "한 사람이 순종치 않음으로 많은 사람이 죄인 된 것같이, 한 사람이 순종함으로 많은 사람이 의인 되리라"라고 말씀하신 것이다.*(롬 5:19)* 아담 때문에 모든 사람이 죄인 되었고, 예수 그리스도 덕분에 많은 사람이 의인이 되었다.

"산 영이 되었다 함과 같이 마지막 아담은 살려주는 영이 되었나니"(고전 15:45) 이처럼 **첫 사람 아담은 땅에서 났고, 마지막 아담은 하늘에**

서 나셨다고 말씀하고 있다.*(고전 15:47)* 우리 성도들은 아담의 후손으로 태어나서 하나님 나라와는 상관없는 존재들이었다. 그런데 이 땅에 오셔서 살리는 영이 되신 그리스도의 영을 받아, 새롭게 다시 태어난 존재들로서 하나님 백성이 되었다. 이제 하나님 나라로 가는 동안에 그분이 전하신 말씀을 따라 순종하며 사는, 또 다른 순종과 의의 종이 되어야 할 것이다. 그것이 그리스도의 영을 받은 의인의 모습이다.

※ 구약 성경의 내용은 하나님이 이스라엘 민족을 구원의 메시지(비밀의 계시)를 전달하는 일꾼으로 쓰시기 위해 특별히 역사하신 과정의 기록이기 때문에 이 시대에도 구약 성경의 내용과 같은 역사가 일어나리라고 생각하는 것은 매우 위험한 생각이다. 그러므로 구약 성경을 이 시대의 삶의 지침서로 삼아서 살도록 가르치는 것은 잘못된 지도이며 결국에는 큰 축복의 기대와 바람과는 정반대의 결과를 맛보게 된다.

새 창조의 비밀 Ⅰ

“나는 알파와 오메가요 처음과 나중이요 시작과 끝이라”
(계 22:13)

“그런즉 누구든지 그리스도 안에 있으면 새로운 피조물이라 이전 것은 지나갔으니 보라 새것이 되었도다”
(고후 5:17)

처음	나중
처음 창조(성부)	새 창조(성자·성령)
아담과 그의 후손 모든 사람	성도들(예수 그리스도의 후손들)
형상의 창조(육체)	모양의 창조(심령)
분별력의 미숙	분별력의 완전
영생의 길을 모름(선과 악)	영생의 길을 알게 됨(선과 악)
하나님과 함께 살 수 없는 존재	하나님과 함께 살 수 있는 존재
한시적 생명	영원한 생명
영이 죽은 존재(창 6:신이 떠남)	영이 살아난 존재(행 2:오순절 성령)
창조의 시작	창조의 끝
하나님이 자기 형상대로	우리가 우리의 형상과 모양대로

“사람이 거듭나지 아니하면 하나님 나라를 볼 수 없느니라”
(요 3:3)

처음 창조의 인간인 아담과 그의 후손인 모든 사람은
하나님의 형상만 닮은 미완성의 존재.
나중 창조된 성도들은 하나님의 형상과 모양을 모두 닮은 완전체로서
하나님 나라에서 하나님과 함께 살 수 있는 의로운 자들이다.

창조의 시작과 끝

✝

성경의 역사는 한편으로 보면 창조의 역사를 기록한 책이라고 볼 수도 있다. 아담과 하와를 창조한 태초의 창조는 육체의 창조이다. 그의 후손인 모든 사람들은 육체의 창조물들이며 영이 죽은 존재들이다. 그러나 예수 그리스도 때에 성령이 오심으로 성령을 받은 자들은 영이 살아난, 다시 태어난, 거듭난 자들로서 심령의 창조이며 모든 성도들은 성령의 사람으로 영적 창조물들이다.

이것을 설명해 주는 것이 '이스마엘과 이삭의 출생'이다. 그들의 출생 이야기 속에는 숨겨진 비밀의 계시가 있었다. 아브라함에게 두 아들이 있는데, 하나는 종 하갈에게서 났으며 육체를 따라 난 자이고, 본처 사라에게서 난 이삭은 성령을 따라 난 자라고 분명히 말씀하고 있다.*(갈 4:22)* 분명히 둘 다 육체를 가진 여인의 몸에서 태어났고 아브라함의 씨인데, 하나는 육체를 따라 났고 하나는 성령을 따라 났다고 기록하고 있다. 그것은 신약 시대에 육체를 따라서 출생하는 일과 성령으로 새사람을 출산하는 일이 일어났다는 것이다. **처음 창조는 육체의 창조이고 나중에 성령으로 창조되는 성도들은 심령의 창조인데 그것은 형상과 모양을 모두 갖춘 창조의 완성이다.** 이제 성경을 근거로 이 사실을 증명해 보기로 하겠다.

"하나님이 가라사대 우리의 형상을 따라 우리의 모양대로 우리가 사람을 만들고 그로 바다의 고기와 공중의 새와 육축과 온 땅과 땅에 기는 모든 것을 다스리게 하자 하시고
하나님이 자기 형상 곧 하나님의 형상대로 사람을 창조하시되 남자와 여자를 창조하시고"
(창 1:26-27)

위 본문을 보면 하나님이 "우리 형상을 따라 우리의 모양대로 우리가 사람을 만들자"라고 하셨는데, 27절을 보면 하나님이 곧 하나님의 형상대로 사람을 창조하셨다고 기록하고 있다. 그리고 5장 1절에도 "*하나님이 사람을 창조하실 때에 하나님의 형상대로 지으시되"(창 5:1)*라고 기록되어 있다.

그런데 현재 사용하고 있는 개역개정판 성경에는 하나님의 형상과 모양대로 창조하셨다고 번역자들이 마음대로 바꾸어 성경을 왜곡하고 있다. 26절의 '우리가'라는 말은 복수다. 복수의 하나님이 "형상과 모양을 모두 닮은 사람을 만들자" 하고 작정하셨는데, 27절에서 하나님이 자기 형상대로 사람을 창조하셨다고 기록하고 있다. '자기'라는 말은 단수다. 곧 하나님 한 분이 어렴풋이 그분의 형상만 닮은 사람을 창조하셨다는 이야기가 된다.

그러면 창조의 과정에서 실수가 있었을까? 그것이 아니라 아직 창조의 시작이라는 것이며 미완성의 창조인 것이다. 그 형상의 창조는 육체의 창조이며, 또 창조의 시작은 그리스도 때에 끝이 나고, 완성되는 것이다. **성자 그리스도와 성령께서 그분의 모양을 닮은 모습으로** 창조를 완성하게 되는 것이다. 심령이 다시 태어나는 일

이 거듭나는 일이고, 그 거듭남이 창조의 완성이고, 그제야 비로소 "우리의 형상과 모양을 따라 사람을 창조하자"라고 하신 말씀이 성취되는 것이다. 하나님은 모양의 창조가 끝나는 예수 그리스도 때에 비로소 진정한 안식에 들어가시는 것이다. 그래서 예수께서는 안식일의 주인이 되시는 것이다.

처음 창조의 사람 아담과 하와의 모습은 불완전한 미숙아의 모습이었다. 벌거벗고도 부끄러운 것도 몰랐고, 좋은 것을 선택해서 먹으려는 능력도 없는 멍청이 같은 미숙아였다. 그리고 아담과 하와는 사탄의 꾐에 넘어가서 하나님이 먹지 말라는 선악과를 먹고 난 뒤, 죽음의 벌을 받아야 하는 처지가 되었지만 그 후로 그들은 하나님만큼이나 분별력이 생겼다. 지혜롭게 할 만큼 탐스럽게 생긴 선악과를 먹고 지혜로워진 것이다.

그래서 좋은 것, 나쁜 것을 분별할 수 있는 능력이 생겨서 벌거벗은 것을 부끄러워하여 숨었으며, 하나님은 그들을 가리켜 *"선악을 아는 일에 우리 중 하나 같이 되었으니"(창 3:22)*라고 하셨다. 선악을 아는 일은 좋은 것, 나쁜 것을 아는 것이란 말로 바꾸어 이해를 해야 한다. 선악과를 먹은 아담과 하와를 보고 하나님이 생명나무의 열매를 따 먹고 영생할까 하노라 하시며 생명나무의 열매를 먹지 못하도록 그룹들로 하여금 생명나무의 길을 지키게 하신 것을 보면, 좋고 나쁜 것을 분별할 수 있는 능력이 생겨서 먹을 생각도 못 하던 생명나무의 열매를 따 먹을 수 있게 되었다는 것이다.

생명나무의 열매는 하나님의 형상과 모양을 모두 닮은 존재들이

먹고 영생하는 열매인데, 아직 하나님의 형상만 닮은 미숙아인 아담과 하와는, 동산의 생명나무의 열매는 먹어서는 안 되며 동산의 각종 나무의 열매만 먹고 살아야 하는 존재였다는 이야기가 된다.

육체의 욕심을 따라 하나님의 명을 어길 수밖에 없는 형상의 창조물인 아담과 그의 후손, 모든 사람들은 처음 창조의 창조물들이고 그들 중에서 예수 그리스도의 영으로 다시 태어난 성도들은 새로운 창조물들, 곧 새로운 피조물이며 하나님의 형상과 모양을 모두 닮은 완벽한 하나님의 창조물로서 비로소 하나님 나라에서 생명나무의 열매를 먹고 영생할 수 있는 존재들이 되는 것이다. 그래서 *"사람이 거듭나지 아니하면 하나님 나라를 볼 수 없느니라"(요 3:3)*라고 말씀하고 있는 것이다. 성자 하나님이신 예수 그리스도의 물과 피로 죄 사함을 받고 성령으로 다시 태어나는 자만이 비로소 태초에 작정하신 형상과 모양의 창조 속에 들어가는 것이다.

> "그런즉 누구든지 그리스도 안에 있으면 새로운 피조물이라 이전 것은 지나갔으니 보라 새것이 되었도다"
> (고후 5:17)

이것이 새 창조의 비밀이다. 이 새 창조는 예수 안에서 하나님의 의가 되게 하셨고, *"곧 영원부터 우리 주 그리스도 예수 안에서 예정하신 뜻대로 하신 것이라"(엡 3:11)* 우리가 "우리의 형상과 모양을 따라 사람을 창조하자"라는 말씀이 예수 그리스도 때에 성령님과 함께 완성되는 것이다.

· 하나님의 형상만 닮은 처음 창조의 인간인 아담과 하와는 좋고 나쁜 것(선악)을 구별하는 능력이 없어 영생할 수 있는 생명나무의 열매를 먹을 수 없었다.
· 하나님의 형상과 모양을 모두 닮은 그리스도의 후손들인 성도들은 지혜로운 자들이라 생명나무의 열매를 먹고 영생할 수 있게 되었다.
· 하나님의 나라에서는 하나님의 형상과 모양을 모두 닮은 존재들, 곧 의로운 자들만이 하나님과 함께 살 수 있다. 하나님을 온전히 닮은 자가 하나님의 자녀의 모습이기 때문이다.
· 성도들은 새롭게 다시 창조된 자들이다. 처음 창조의 하나님의 형상, 곧 육체를 가지고 있으면서 성자 그리스도를 영접하고 성령을 받았다. 성자 그리스도와 성령은 하나님의 모양이다. 그러므로 하나님의 형상과 모양을 모두 닮은 창조물들이다.

새 창조의 비밀 II

"아담은 오실자의 표상"
(롬 5:14)

아담의 아내 하와는 성도들의 예표이다.

남편인 아담이 깊이 잠들었을 때
그의 갈비뼈로 창조된 것처럼

성도들도 남편 되신 예수 그리스도가
십자가상에서 깊이 잠들었을 때(죽음)
옆구리에서 피를 뽑아 그것으로 창조되었다.

옆구리의 물과 피는 그리스도의 갈비뼈다.
물과 피로 거듭난 존재는 갈비뼈로 거듭난 것이다.
성도들은 그리스도의 갈비뼈로 창조된 그분의 신부들이다.

성도들의 탄생은 그리스도의 신부의 창조

아담은 오실 자의 표상이라는 말씀 속에 그리스도의 신부의 창조, 곧 새 창조의 비밀 이야기가 숨겨져 있다.*(롬 5:14)* 표상은 대표적 상징, 또는 모형이라는 뜻이다. 오실 자는 그리스도를 가리키는 말이다. 그러므로 아담은, 장차 오실 예수 그리스도의 상징이며 모형이라는 것이다. 그 말은 아담은 이미 그리스도 때에 있을 일을 전달하는 일꾼이었다는 말이 된다. **그래서 아담과 하와의 창조 시에 이미 예수 그리스도와 그리스도의 신부인 성도의 창조가 표상 뒤에 숨겨져 있었다.** 그 표상 뒤에 숨겨진 계시가 성취되기 위해 예수님은 아담처럼 육체의 몸(성육신)을 하고, 이 땅에 태어나신 것이기도 하다. 그 모습을 가리켜 **첫 사람 아담**과 **마지막 아담**으로 성경은 표현하고 있다.

또 하나의 표상은 아내 때문에 죄인이 된다는 것이다. 아담은 스스로 하나님이 먹지 말라는 선악과를 따 먹지 않았다. 그의 아내 하와가 먼저 따 먹고, 그에게 줌으로써 그도 먹고 역시 죄인이 되었다. 그리고 그 벌로 죽어야 하는 신세가 되었다. 그와 마찬가지로 십자가상에서 죽으신 예수님도 죄가 없음에도 불구하고 죄인으로 정죄받아 죽으셨다. 그 모습은 예수 그리스도의 신부라고 불리는 성도들의 죄 때문에 죽으신 것이다. 아담처럼, 아내 때문에 죄인이 되고 정녕 죽고 마는 신세가 된 것이다. 이와 같이 아담의 생활 모습 속에는 예수 그리스도의 모습이 표상으로 숨겨져 있다.

그리고 또 하나의 표상은 **아담의 아내인 하와를 창조할 때, 아담은 깊이 잠들게 하시고 아담의 갈비뼈 하나를 취하여 만드셨다고 기록한 것**에서 찾을 수 있다. 예수 그리스도의 신부인 성도들이 탄생될 때도 같은 창조의 사건이 일어났다. 사람들이 예수 그리스도를 믿는 순간, 자신도 모르게 그 사건은 일어나는 것이다.

예수께서 십자가에 못 박혀 죽으실 때 이미 숨을 거둔 분을 *"한 군병이 창으로 옆구리를 찌르니 곧 피와 물이 나오더라"(요 19:34)*라고 기록하고 있다. **피 흘림이 없으면 죄 사함이 없고, 죄 사함이 없으면 성도가 될 수 없다.** 이것은 기독교의 기본적 교리이다. 그 피로 죄 사함 받고 성도 곧 그리스도의 신부로 다시 태어날 수가 있다. 그렇게 탄생한 성도들은 그리스도의 영적 신부로서 그리스도를 기쁘고 행복하게 해 줄 수 있는 존재들이다. 그런데 피 흘림은 옆구리에서 흘린 피뿐 아니라, 가시 면류관을 쓴 이마와 손과 두 발을 모은 발에서 흘린 피도 포함된다. 그중 옆구리에서 흘린 물과 피는 그리스도의 신부를 창조하기 위한 과정의 하나였다.

그것은 아담은 오실 자의 표상이란 말씀대로 **표상이 성취되기 위해서 반드시 옆구리를 찔러야 했음을 의미한다.** 찌른 자를 보리라 한 성경을 응하게 하기 위한 행위지만 이미 숨을 거두었는데 왜 찔러야 하는가라는 생각을 해 보아야 한다. 그 이유는 아담과 하와의 표상 속에 숨겨져 있는 계시가 성취되기 위한 것이다.

그 설명은 다음과 같다. 아담의 아내 하와를 창조할 때 아담을 깊이 잠들게 하시고 갈비뼈 하나를 취하여 여자를 만들었다는 말씀처럼*(창 2:21)* 예수 그리스도의 아내인 성도들을 창조하기 위하여 예수 그리스도를 죽게 하시고(깊이 잠들게 하시고) 옆구리를 찔러 물과 피가 흘러나오게 하사 그것이 그리스도의 신부인 성도가 탄생되는 재료가 된 것이다. 그러므로 옆구리에서 나온 물과 피는 그리스도의 갈비뼈를 상징한다.

죽은 자를 가리켜 성경에서 '잔다'고 표현하고 있다. 예수 그리스도가 숨을 거두셨을 때는 깊이 잠을 주무시는 것이다. 깊이 잠든 예수 그리스도의 갈비뼈가 있는 옆구리를 찔러 물과 피로 성도들을 창조하셨으니 아담의 아내 하와를 창조하실 때와 같은 방법으로 그리스도의 신부를 창조하신 것이다. 아담의 아내 하와의 창조 속에 숨겨진 비밀의 계시가 성취된 것이다.

아담의 아내	그리스도의 신부(아내)
처음 창조 아담을 깊이 잠들게 갈비뼈	새 창조 십자가의 죽음(깊이 잠듦) 옆구리의 물과 피(갈비뼈)
하와 (아담에게 죄를 전가)	성도 (그리스도에게 죄를 전가)
죽음(정죄) 육체의 사람	부활(사죄 은총) 성령의 사람

※ 옆구리가 창에 찔려 물과 피를 흘리는 이유는?

1. 율법의 화목제의 규례를 지키시기 위함이다. *"그 피 전부는 회막 문 앞 번제단 밑에 쏟을 것이며"(레 4:18)*
2. 하늘 길을 열어 놓기 위함이다.(휘장은 그리스도의 육체, 지성소는 천국의 모형)
3. 그리스도의 신부인 성도를 창조하기 위함이다.(옆구리에서 흘리신 물과 피는 상징적 갈비뼈)

믿는 자는 갈비뼈가 있는 옆구리에서 흘러나온 물과 피로 속죄받고, 그리스도의 신부인 성도가 되었으니 그리스도의 갈비뼈로 그리스도의 신부로 새 창조된 것이다.

친구를 위하여

"그러므로 먹고 마시는 것과 절기나 월삭이나 안식일을 인하여
누구든지 너희를 폄론하지 못하게 하라
이것들은 장래 일의 그림자이나 몸은 그리스도의 것이니라"
(골 2:16-17)

위 말씀은 유대인들이 지키는 율법을 가리켜 하신 말씀이다.
예수님은 이 땅에 율법을 지키러 오셨다.

예수께서 지키시는 율법의 절기

✝

자기 몸을 돌아본 뒤에야 남을 돌아볼 수 있다는 예수님의 말씀처럼 사람들은 자기 몸을 돌아본 뒤에야 남을 돌아볼 수가 있다. 그것은 자기 몸을 보존하려는 본성 때문이라서 사람들의 헌신은 지극히 제한적이고 계산적이다. 그러나 예수 그리스도는 하나님이시면서도 자신을 낮추시고 인간을 구원하시기 위한 희생물로 내놓으시는 온전한 헌신을 하셨다. 그런 예수께서는 십자가에 죽으시기 전에 제자들에게 다음과 같은 말씀을 하셨다.

> "나는 선한 목자라 내가 내 양을 알고 양도 나를 아는 것이
> 아버지께서 나를 아시고 내가 아버지를 아는 것 같으니 나는 양을
> 위하여 목숨을 버리노라"
> (요 10:14-15)

당신의 이익이 아닌 하나님의 어린 양 성도들을 위한 죽음을 예고하시면서 사람과 같은 몸을 하셨기 때문에 닥쳐올 십자가상에서의 죽음에 대해 매우 두려워하셨다. 감람산에서 기도하실 때 하신 말씀에서 그 심정을 엿볼 수가 있다.

"아버지여 만일 아버지의 뜻이거든 이 잔을 내게서 옮기시옵소서"(눅 22:42) 그러나 당신이 받을 고통보다는 반드시 대업을 이루어야 한다는 책임감 때문에 *"내 원대로 마옵시고 아버지의 원대로 되기를 원하나이다"(눅 22:42)*라고 순종을 맹세하셨다. 마침내 십자가상에서 처형을 당하실 때는 너무나 고통스러운 나머지 *"엘리 엘리 라마 사박다니(나의 하나님, 나의 하나님 어찌하여 나를 버리셨나이까)"(막 15:34)*라고 외치시고 숨을 거두셨다. 그러나 이는 하나님에 대한 원망이 아니라 너무나 고통스러운 나머지 육체적 본능으로 외치는 부르짖음이라고 말할 수 있을 것이다. 이와 같이 예수께서 당신의 몸을 친구를 위하여 헌신한 이유는 인류를 죄로부터 자유롭게 해방시켜 주기 위함 때문이었다.

예수님의 십자가의 죽음을 로마서에서는 이렇게 표현하고 있다. *"우리가 아직 연약할 때에 기약대로 그리스도께서 경건치 않은 자를 위하여 죽으셨도다"(롬 5:6)* 여기서 연약함은 인간들의 무능함이다. 하나님께서 지켜 준행하라 하신 율법을 도저히 지키지 못하는 연약함을 위하여, 율법을 대신 지키기로 기약되어 있던 대로 죽으신 것이고, 유대인만이 아니라 경건치 않은 이방인을 위해서도 죽으신 것이다. **그리스도의 십자가 죽음은 이스라엘 민족이 지키지 못한 율법을 대신 지키신 모습이다.**

율법에는 절기법과 제사법이 있고 생활 규제가 있는데 그중에 절기법과 제사법을 지키시는 모습이다. 절기와 제사 중에 먼저 절기를 온전히 지키시는 모습에 대해 알아보자. 율법에 따른 이스라엘의 7대 절기는 유월절, 무교절, 초실절, 칠칠절, 속죄일, 나팔절, 초막절이 있다. 그중에서 유월절, 무교절, 초실절, 칠칠절, 속죄일은 지키셨지만 나팔절, 초막절은 지키지 않은 것으로 보인다. 아마 그 두 절기는 예수께서 재림하셔서 지키실 것으로 생각된다.

"이런 절기들은 장래 일의 그림자이나 몸은 그리스도의 것이니라"(골 2:17) 하신 것처럼 몸으로 율법의 절기를 지키셨다. 몸으로 지키시는 율법의 절기는 십자가상의 죽음으로 성취하신 것이다.

첫째 절기는 유월절이다. 유월절은 정월 십사 일에 드리는 절기이다. 예수께서는 유월절의 규례대로 십자가상에서 죽으셨다. *"너희 어린 양을 흠 없고 일 년 된 수컷으로 하되 양이나 염소 중에서 취하고"(출 12:5)*라는 규례가 있다. 예수께서는 흠이 없으신 분으로서 삼십삼 년의 젊은 나이는 어린 양과 일 년생이어야 하는 조건을 충분히 충족하신 것이고, 남자이기 때문에 수컷을 취해야 하는 규례 역시 충족시키신 것이다.

*"이 달 열흘에 가족 수대로 취해서 이 달 십사 일까지 간직하였다가 해 질 때에 이스라엘 회중이 그 양을 잡고"(출 12:3-6)*라는 규례가 있다. 예수께서는 월요일에 입성하셔서 금요일에 죽으심으로 5일 동안 간직했다가 잡으라는 규례도 지키셨고, 십자가상에서 숨을 거두실 때 시간은 6시였지만, 해 질 때 잡으라는 규례를 성취하기 위해 갑자기 해가 빛을 잃고 주변이 캄캄해졌다.*(마 27:45)* 성경에 기록된 6시는 우리나라 시간으로 3시이다. 그리고 이스라엘의 대제사장들과 장로들과 백성들이 예수를 정죄하고 죽이라고 빌라도에게 넘겨

줌으로, 이스라엘 회중이 양을 잡아야 하는 규례 역시 지키신 것이다.*(마 27:45; 눅 23:46)*

가족 수대로 취해야 하는 것은 우리의 믿음을 단체로 갖는 믿음과 신앙생활이 아니고, 각 개개인의 믿음과 신앙이며 개개인의 속죄와 구원을 위한 희생이었음을 암시하는 규례이다. *"그 피는 양을 먹을 좌우 설주와 인방에 바르라"(출 12:7)*는 규례가 있다. 예수께서 숨을 거두시고 난 뒤, 한 병사가 옆구리를 찔러 피가 나오게 했다.

죄로 가득한 세상 사람들이 성도로 다시 태어날 수 있는 것은 예수께서 십자가에서 흘리신 피 때문에 가능한 것이며 그분을 마음에 구주로 영접하는 자는 그 피로 속죄함을 받을 것이니 성도들 마음의 문설주와 인방에 피를 바른 것이다. 그러므로 예수를 영접하지 않은 세상 사람들은 모두 아담의 후손 장자에 해당하므로 모두 장자 재앙의 당사자들이 되어 죽게 되지만, 믿음으로 예수 그리스도 피를 마음의 문설주와 인방에 바른 성도들은 유월절의 장자 재앙을 모면하고 모두 구원받게 된 것이다.

*"그 밤에 그 고기를 불에 구워 무교병과 쓴 나물과 아울러 먹되"(출 12:8)*라는 규례도 있다. 예수께서 유월절에 무교병을 떼어 주시며 이것은 내 몸이라고 말씀하셨고*(마 26:26)* 십자가상에서 고통당하실 때 해융에 신 포도주를 머금게 하여 마시게 했다.*(요 19:30)* 예수께서는 죄가 없으신 무교병이며 쓴 나물이 곁들여진 몸이 되심으로 이 규례도 지키셨고, 뜨거운 태양 아래서 희생됨으로 애간장이 다 타는 고통 속에서 불에 구워 먹으라는 규례도 성취시키셨다.

"아침까지 남겨두지 말며 남은 것은 곧 불사르라"(출 12:10), *"너희는 그*

것을 이렇게 먹을지니 허리에 띠를 띠고 발에 신을 신고 손에 지팡이를 잡고 급히 먹으라 이것이 유월절 규례니라"(출 12:11) 속히 장사됨으로 아침까지 남겨 두지 말라는 것과 속히 먹으라는 규례도 지키셨고, 그리스도를 영접하는 자들은 또 고기를 먹는 자들이다. 진리의 띠를 띠고 복음의 신을 신고 믿음의 지팡이를 잡고 사탄이 호시탐탐 잡으러 올 때를 대비하여 도망할 준비를 하며, 신앙생활을 하라는 것이다. 이와 같이 율법의 유월절 규례는 예수께서 십자가에 죽으시고 장사됨으로 완성되었다. 예수께서는 유월절 어린 양이 되신 것이다.*(고전 5:7)*

두 번째 절기는 무교절이다. 무교절은 유월절 저녁부터 칠 일 동안 지키는 절기로, 누룩이 들어 있지 않은 무교병을 먹는 절기이다. *"너희는 이레 동안 무교병을 먹을지니 그날에 누룩을 너희 집에서 제하라. 유교병을 먹는 자는 이스라엘에서 끊어지리라"(출 12:15)* 누룩은 죄를 의미한다. 우리가 예수를 믿는 순간 우리의 원죄가 예수께 전가되고, 우리의 몸은 죄가 없는 상태로 누룩을 집에서 제한 상태가 되는 것이다. 우리의 죄를 전가 받으신 예수 그리스도도 십자가의 번제단에서 제물로 바쳐짐으로 그 죄가 없어지고 죄 없으신 무교병이 되신 것이다.*(마 26:28)* 또한 예수께서는 하나님의 아들로서 본래 죄가 없으신 무교병이시다.

그분을 영접하는 것은 무교병을 먹는 것이며 그분을 영접하지 않는 자들은 유교병을 먹는 것이다. 또 그들은 자기의 죄를 예수께 전가시키지 못하기 때문에 죄가 그대로 있으니 누룩을 집 안에 두는 것이다. 그런 자들은 새 이스라엘인 성도들의 대열에서 제하게 된다는 뜻을 담고 있다. *"영원한 규례로 삼아 이날을 지킬지니라"(출 12:17)* 예수 그리스도의 무교병을 먹고 죄가 없어진 새 이스라엘 성도들은 믿음 생활을 하다가 다시 세상으로 돌아가서 유교병을 먹고 누룩을 두는 자들이 되지 말고, 영원히 믿음을 지켜 나가야 한다는 교훈을 전하는 규례이다. 믿음에서 떠난 자들은 다시 그 몸에 죄가 들어감으로 유교병을 먹고 집 안에 누룩을 두는 자들이다. 그런 자들은 성도들의 대열에서 끊어진다.

세 번째 절기는 초실절이다. 초실절은 처음 결실한 곡식을 드리는 절기이다. *"여호와께서 모세에게 일러 가라사대 이스라엘 자손에게 고하여 이르라 너희는 내가 너희에게 주는 땅에 들어가서 너희의 곡물을 거둘 때에 위선 너희의 곡물의 첫 이삭 한 단을 제사장에게로 가져갈 것이요 제사장은 너희를 위하여 그 단을 여호와 앞에 열납되도록 흔들되 안식일 이튿날에 흔들 것이며"(레 23:9-11)*

이 절기 역시 예수께서 장사되어 부활 승천하심으로 지키셨다. 예수님의 부활은 잠자는 자의 첫 열매*(고전 15:20)*로 승천하심으로 초실절의 규례를 지키신 것이다. 이삭 한 단을 드려야 하는 규례도 예수께서 안식일 다음 날 일요일에 부활하실 때, 자던 성도들이 무덤에서 나와서 거룩한 성에 들어감으로*(마 27:51-53)* 이삭 한 단을 흔들어야 하는 규례도 성취된 것이다.

그리고 예수께서 부활하신 예수님을 만져 보려고 하는 마리아에게 나를 만지지 말라*(요 20:17)*고 하신 것은 때 묻지 않은 상태로 깨끗한 첫 열매로 승천하셔서 하나님께 드림이 되시기 위해 하신 말씀이다. 예수님은 부활 승천하심으로 죽었다 살아난 성도들과 함께 초실절의 규례로 지키셨다.

네 번째 절기는 칠칠절(오순절, 맥추절)이다. 칠칠절은 곡식에 낫을 대는 첫날부터 칠 주 내내 계속되는 절기이며*(레 23:15-16)* 사도행전의 오순절은(칠칠절) 안식일 이튿날부터 합하여 50일을 계수하여 지키는 절기이다.*(레 23:16-17)* 이날에는 누룩을 넣어서 구운 떡 두 개를 흔들어야 하는 규례가 있다.*(레 23:17)* 이 규례는 예수께서 부활하시고 7주가 되는 날 오순절 날에 유대인과 이방인 모두에게 성령이 임하심으로 기뻐 뛰며 변화되어 하나님 백성이 되었다. 구약 시대에는 유대인만이 하나님의 백성이었지만, 예수께서 온 인류를 위한 제사를 하나님께 드린 후에는 이방인도 하나님의 백성이 될 수 있는 길이 열리게 된 것이다. 그래서 이방인에게도 성령이 임하여 유대인과 함께 뛰며 기뻐할 수 있었던 것이다. 성령은 누룩이다. 무교절과는 달리 오순절에는 누룩을 넣어 구운 떡 두 개를 흔들어야 했다.

누룩은 부풀게 하는 기능이 있다. 하나님 나라인 교회가 팽창할 수 있도록 누룩으로 구운 떡을 흔들라는 것이다. 예수께서 하나님 백성인 유대인뿐만 아니라 이방인에게도 성령을 주심으로 하나님 나라는 확장된 것이고, 누룩을 넣은 떡 두 개를 흔들어야 하는 규례도 성취된 것이다. 성령이 아니면 교회는 확장이 될 수 없다. 성령 충만으로 교회는 날로 날로 확장되며 하나님의 백성의 수가 더욱더 많아지게 된다. 예수께서는 허물 많은 이스라엘을 대신하여, 또 온 인류에게 구원의 기회를 주시기 위해 율법의 절기를 지키기 위해 오신 분이다. 그래서 *"먹고 마시는 것과 절기나 월삭이나 안식일을 인하여 누구든지 폄론하지 못하게 하라 이것들은 장래 일의 그림자이나 몸은 그리스도의 것이니라"(골 2:16-17)*라고 말씀하신 것이다.

다섯 번째 절기는 속죄일이다. "칠월 십일은 속죄일이니 너희에게 성회라 너희는 스스로 괴롭게 하며 여호와께 화제를 드리고 이 날에는 아무 일도 하지 말 것은 너희를 위하여 너희 하나님 여호와 앞에 속죄할 속죄일이 됨이라"(레 23:27-28)

· 속죄일에는 스스로 괴롭게 하는 날이다. 예수께서는 스스로 예루살렘에 입성하셔서 유대인들 앞에 "내가 하나님의 아들이다. 유대인의 왕이다"라고 전파하고 다님에 유대 지도자들이 분개하여 예수님에게 가시 면류관을 씌우고 십자가에 못 박았다. 그리고 예수께서는 십자가상에서 물 한 모금 마시지 않고 금식하셨다. 몰약을 탄 신 포도즙도 거절하셨다. 스스로를 괴롭게 하신 것이다. 숨을 거두시기 직전에 받은 해융에 적신 신 포도즙은 유월절 규례를 지키시기 위함이었다.

· 속죄일에는 속죄제를 드리는 날이다. 예수께서 속죄제를 위한 제물로 선택되셔서 속죄제의 규례를 따라 죽으셨다. 십자가의 단 사면에 피를 바르고 남은 피 전부를 옆구리를 통해 단 밑에 부어 버렸다. 아론을 대신한 예수께서는 지금도 온 인류를 위해 하나님 앞에 속죄하고 계신다.

· 속죄일에는 화제를 드리는 날이다. 예수께서는 벌거벗은 채로 작열하는 태양 아래서 생축으로 희생되셨다. 숨을 거두실 때까지 감당한 고통은 애간장을 다 녹이는 고통이었을 것이다. 그 고통은 내장을 불에 태워 드리는 화제를 성취하기에 충분한 고통이었다.

· 속죄일에는 아무 일도 하지 않는 날이다. 여러 지방에서 모여 예수님을 따르던 무리들과 예수님을 십자가에 못 박게 한 이스라엘 백성과 유대 지도자들은 본토인들이고 함께 우거하는 자들이다. 그날에 그들도 아무 일도 하지 않고 괴로움을 느꼈을 것이다.

· 속죄일에는 두 마리의 염소를 제비 뽑는 날이다.(레 16:8-9) 제비 뽑힌 염소 한 마리는 백성의 죄를 전가시켜 광야에 있는 아사셀에게 먹이로 주고 한 마리 염소는 아론이 속죄제로 하나님 앞에 드렸다. 그것을 성취시키는 말씀이 십자가 사건 당시 "바라바를 놓아 주랴 예수를 놓아주랴"라는 대목의 말씀이다.(마 27:17)

풀어 준 죄수 바라바는 아사셀을 위하여 뽑힌 염소이고 십자가에 못 박힌 예수 그리스도는 속죄제를 위하여 뽑힌 속죄 제물의 염소이다. 이로써 속죄일의 규례도 지키시고 성취되었다.

다 이루었다 I

그는 새 언약의 중보니 첫 언약 때에 범죄한 죄를(율법) 속하려고 죽으사 부르심을 입은 자들로 하여금 영원한 기업(하나님 나라)을 얻게 하려 하심이라
(히 9:15)

성소의 휘장이 위로부터 아래까지 찢어져 둘이 되고
(마 27:51)

사복음서는 율법의 마지막 제사를 드리는 과정의 기록이다.

휘장이 찢어진 것은 하늘 길이 열리는 것.
하늘 길이 열린다는 것은 에덴동산의 생명나무의 길을 막았던 그 길이 열리는 것.
그 길로 들어가 하나님 나라에 있는 생명나무의 열매를 먹고 영생하게 됨.

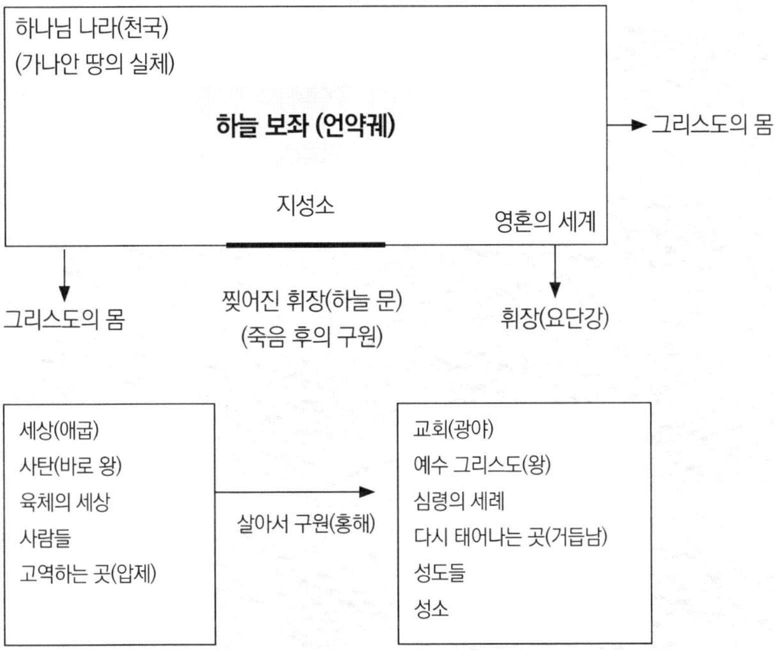
하나님 나라(천국)
(가나안 땅의 실체)
하늘 보좌 (언약궤)
그리스도의 몸
지성소
영혼의 세계
그리스도의 몸
찢어진 휘장(하늘 문)
(죽음 후의 구원)
휘장(요단강)
세상(애굽)
사탄(바로 왕)
육체의 세상
사람들
고역하는 곳(압제)
살아서 구원(홍해)
교회(광야)
예수 그리스도(왕)
심령의 세례
다시 태어나는 곳(거듭남)
성도들
성소

세례 요한과 예수님이 드리는 제사

✝

예수께서 십자가상에서 고난당하실 때 *"성경을 응하게 하려하사 가라사대 내가 목마르다 하시니 신 포도주를 머금은 해융을 우슬초에 매어 예수의 입에 대니 받으신 후 다 이루었다 하시고 머리를 숙이시고 영혼이 돌아가시니라"(요 19:28-30)*라고 기록하고 있다. 무엇을 다 이루셨을까? 생각해 보자. 예수께서 성경을 응하게 하려하사 내가 목마르다고 하셨다. 무슨 성경을 응하게 하려 하셨을까? 그 당시에는 신약 성경은 존재도 하지 않았으니 당연히 구약 성경이다. 성경을 응하게 하시려고 받으신 신 포도주를 머금은 해융은 무엇을 의미할까? 쓴 나물에 해당한다.

구약 성경의 율법의 규례 중에 유월절에 고기를 먹을 때에 쓴 나물과 함께 먹으라는 규례를 성취시키기 위해 목마르다 하시고 신 포도주를 머금은 해융을 받으신 것이다. 신 포도주는 쓴맛이 난다. 그러므로 스스로 쓴맛이 나는 나물을 곁들인 고기가 되신 것이다. **우리가 예수를 영접하는 것은 이 쓴 나물이 곁들여진 예수님의 몸을 먹는 것이며, 유월절의 규례를 따르는 것이다.** 예수님의 제자들과 함께 최후의 만찬을 하실 때, "받아먹어라 이는 내 몸이니"라고 하신 것도 유월절 의식을 행하신 것이다.

이처럼 놀라운 진리를 감추어서 전하는 것이 성경인데, 이런 비밀의 계시를 깨닫지 못하고 인본주의 개념으로 이해해서 예수님의 죽음을 단순히 못된 사람들 때문에 당한 것이며, 있어서는 안 되는 슬픈 일을 당한 것이라고, 죽인 자들을 미워하고 원망하는 것은 참으로 우스운 행동에 지나지 않는다. 우리가 지키는 성찬식은 새로운 형태의 유월절 규례를 지키는 것으로 영원한 규례를 삼는 것이다.

예수께서 십자가상에서 율법을 지켜야 하는 이유는 한마디로 말해서 이스라엘 민족이 자신들의 율법을 온전히 지키지 못했기 때문이다. 하나님은 이스라엘 민족에게 가나안 땅을 주시는 조건으로 율법을 주시고 그것을 잘 지켜 준행하면 너희 모든 죄를 사하고 정결케 될 수 있다고 하셨다. 하나님의 백성은 정결함이 필수 조건이기 때문이다. 그러나 그들은 율법을 지키느라 애를 썼지만 온전히 지키지 못했고, 오히려 **아담으로부터 받은 원죄에 율법을 지키지 못한 자범죄까지 더했다.***(히 9:15)*

이런 모습을 성경에서는 법이 없으면 죄가 없다*(롬 3:20)*고 했고, 율법은 죄인 되게 하는 것*(고후 3:6)*이라고 기록하고 있다. 하나님은 그들이 율법을 지키지 못할 것을 미리 아시고 율법을 대신 지켜 줄 메시아를 계획하시고 실천하셨으며, 그 일이 성취된 것이 예수 그리스도의 십자가의 죽음이다. **구약 성경의 계시와 예언대로 성경을 응하게 하기 위하여 오신 예수님은 이렇게 말씀하셨다.** *"보시옵소서 내가 하나님의 뜻을 행하러 왔나이다 하셨으니 그 첫 것을 폐하심은 둘째 것을 세우려 하심이니라"(히 10:9)* 율법을 온전히 지키심으로 첫 번째 법인 율법을 폐하시고 새로운 법 신약의 산상수훈이 근간이 되는 새로운 법, 두 번째 새 계명과 새 법을 세우신 것이다.

그래서 **이 십자가의 죽음은 율법의 마침이고 완성이다.** *"그리스도는 모든 믿는 자에게 의를 이루기 위하여 율법의 마침이 되시니라"(롬 10:4)*라고 기록한 말씀이 그 증거다. 이제 예수께서 십자가에서 죽으신 죽음이 율법을 대신 지키시는 모습이라는 것을 더 자세히 증명해 보이겠다. 이스라엘 민족이 정결함을 받을 수 있는 율법의 제사에는 번제, 소제, 화목제, 속죄제, 속건제가 있다.*(레 1:1-)* 이런 제사를 성전에서 드렸는데 제사마다 조금씩 규례가 다르다. 예수님의 십자가의 제사는 이 **다섯 가지 제사를 단번에 드리는 모습**인데 그 설명은 다음 장에서 자세히 하기로 하고, 이번 장에서는 번제를 드리는 모습이라는 것을 증명해 보겠다.

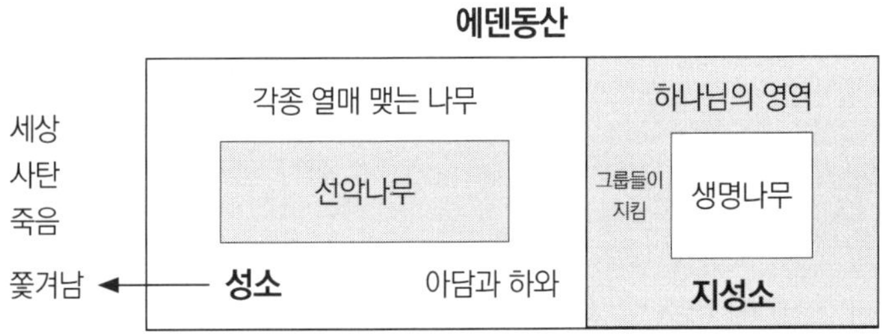

성전(제사장들의 제사)

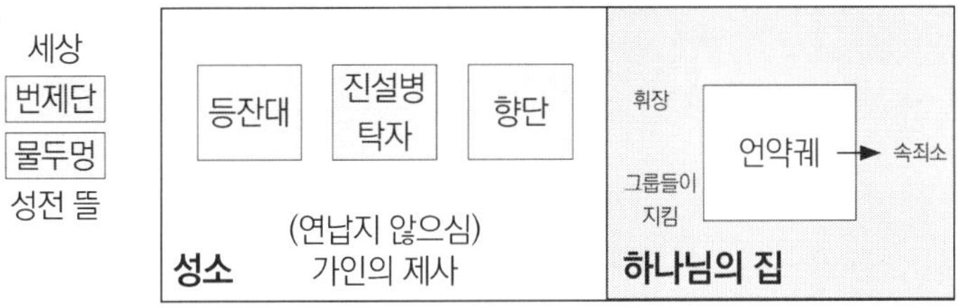

예수님의 제사

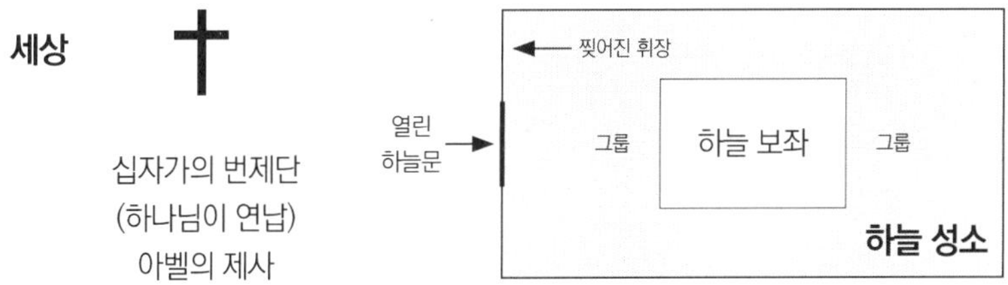

율법의 제사를 드렸던 성전의 모습은 대략 이러하다. 성전 뜰, 번제단과 물두멍(대야)을 지나 성전 안으로 들어가면 성소가 있고, 성소를 지나면 휘장으로 가려진 지성소가 있다. 첫 번째 성소에는 등잔대(금촛대) 진설병이 있는 탁자와 향단이 있고, 두 번째 방을 지성소라 부르는데 성소와 지성소 사이는 휘장으로 가려져 있다.*(히 9:1-2)*

지성소 안에는 금향로와 사면을 금으로 싼 언약궤가 있고, 언약궤 안에는 만나를 담은 항아리, 아론의 싹 난 지팡이, 언약의 두 돌판이 들어 있다. 그리고 언약궤 위에는 그룹들이 있고 그 곳을 속죄소라 부른다.*(히 19:3-4)* 언약궤와 속죄소가 있는 두 번째 방, 지성소에는 대제사장이 일 년에 한 번 들어가서 백성의 죄를 속하기 위하여 하나님의 신과 만났다.*(히 9:5-7)*

이런 모습으로 생긴 성전에서 대제사장과 제사장, 그리고 백성들은 속죄를 위하여 제사를 드렸는데 그 방법은 대략 이러하다. 숫양, 염소, 황소, 수송아지 중에서 흠 없는 것을 택하여 제사장이 그 제물에 **백성의 죄를 전가시키는 안수를 하여, 번제단에서 잡아 그 피를 단과 뿔에 바르고 단 밑에 남은 피 전부를 붓는다.** 그런데 문제는 아무리 애를 써도 그 제사는 온전치 못했다는 것이다. 이 세상에는 흠 없는 제물이 있을 수 없으며, 제사장들 역시 흠 많은 인간들이라 흔히 부정을 저지르고는 한다.*(말 1:8)* 그러니 당연히 온전한 제사는 있을 수 없고, 속죄의 길은 멀기만 한 이야기가 되는 것이다.

그래서 이 모든 것을 이미 아시는 하나님은 그들의 제사를 받지 않으시고, 예수를 그리스도로 보내시어 하나님의 마음을 흡족하게 하는 제사, 곧 율법의 규례를 완벽하게 지키는 제사를 대신 드리게 하셨다. **이른바 대리 제사다.** 이를 증거하는 성경 구절이 있다. *"황소와 염소의 피가 능히 죄를 없이 하지 못함이라"(히 10:4)* 또 *"위에는 말씀하시기를 제사와 예물과 전체로 번제함과 속죄제는 원치도 아니하시고 기뻐하시지도 아니하신다"(히 10:8)*

그래서 **신약 성경은 이 대리 제사를 위한 기록부터 시작되었다는 사실을 알아야 한다.** 신약 성경의 시작은 예수님보다 요한이 먼저 태어난 일이다. 주인공이 먼저 태어나지 않고, 조연이 먼저 태어났다. 이 사실에는 놀라운 성경의 비밀 이야기가 숨어 있다. 요한이 먼저 와서 "회개하라, 천국이 가까이 왔느니라" 하며 세례를 주고 다녔다고 그를 세례 요한이라 하며, 예수님이 천국을 전하는 사역을 평탄케 하기 위해 왔다고 한다. 표면적으로 본 성경에서는 틀림없는 사실이고 맞는 해석이다. 그러나 그가 오신 진짜 이유는 따로 있었다는 사실을 알아야 한다.

이제 달고 오묘한 생명의 말씀의 진리를 찾아보자. 율법이 정한 제사를 위해서 제사장이 제물에 반드시 안수를 해야 하는 규례가 있다.*(레 1:1)* 요한은 바로 이 규례를 지키기 위해 오신 분이다. 요한은 제사장 사가랴의 아들로 레위 지파로서 제사장직을 수행할 수 있는 자격을 가지고 태어난 제사장이다. 그리고 그 제사장직을 수행하기 위한 절차로 예수께 세례를 주신 것이다. 세례를 주기 위해서는 반드시 머리에 손을 얹고 침례를 해야 했다. 세례도 목적이 있지만, **제일 큰 목적은 제물이 되실 예수께 제사장이 온 인류의 죄를 전가시키는 안수가 더 큰 목적인 것이다.***(레 16:1-34)* 이것이 바로 온전한 대리 제사의 시작이다.

십자가상에서의 온전한 제사에서는, 제사를 돕는 요한도 흠이 없는 깨끗한 제사장이다. 그가 메뚜기와 설청을 먹고 다녔다는 데서 세상에 물들지 않았다는 것을 알 수 있다. **온전한 제사를 위해 흠 없는 예수님의 몸(염소, 수소, 수송아지)에 깨끗한 제사장이 온 백성의 죄를 전가시키는 행위를 한 것이 예수님의 세례다.** 그 임무를 완수한 후 요한은 "세상 죄를 지고 가는 어린 양을 보라"라고 외치지 않았는가?

예수님은 이제 십자가상에서의 온전한 대리 제사를 위해 온 인류의 죄를 전가 받은 상태로 공생애를 시작하셨고, 그 기간 내내 더 많은 사람들이 당신이 드리는 제사의 혜택을 받을 수 있도록 당신이 누구인지 밝히며 하나님 나라에 대해 이야기하고, 하나님 백성이 되는 방법을 전파하고 다니신 것이다. 그리고 마침내 때가 이르러 **십자가의 번제단**에 자신의 몸을 제물로 바치고, 스스로 대제사장이 되어 번제, 소제, 화목제, 속죄제, 속건제를 단번에 드리셨다. 요한은 아론의 실체이고 예수님은 모세의 실체다.

아론이 모세를 도와 제사를 드리고 모든 일을 함께해 온 것과 같이, (레 8:18-19)**요한은 예수님을 도와 십자가의 온전한 제사를 함께 드렸다. 율법에 정해진 제사를 요한의 때에 마지막으로 드린 것이다.** 그래서 요한은 마지막 제사장이고, 예수님은 마지막 대제사장이다. 그것을 증명하는 말씀이 *"율법과 선지자는 요한의 때까지요"(눅 16:16)*라는 말씀이다. 더 이상 율법의 제사는 필요치가 않은 것이다. 주님의 온전한 율법의 제사로, **율법이 정한 정결케 되는 은혜를 얻었다.** 그 은혜는 예수를 나의 죄를 담당하고 죽으신 분으로, 구주로 믿는 자들에게 모두 주어진다. 하나님은 그 제사로 인해 인간들에게 쌓였던 진노가 풀리셨고, 예수는 화목을 이루신 분이다. 그리고 비로소 하늘 길을 열어 주신 것이다.

위로부터 아래까지 찢어져 둘이 된 성소의 휘장은, 그리스도의 육체를 의미한다.*(히 10:20) "예수께서 숨을 거두시고 난 뒤 성소의 휘장이 위로부터 아래로 찢어져 둘이 되니라"(막 15:38)* 성소의 휘장 뒤에 있는 지성소는 하나님의 신이 임재하는 하나님의 집이며, 하나님 나라의 상징이며 모형이다. 따라서 휘장이 찢어진 것은 막혔던 하늘 길이 열린 것이다. 하늘 길은 모두에게 열려 있으나, 모두가 갈 수 있는 길이 아닌 예수 그리스도를 영접한 자만이 그분과 함께 갈 수 있는 길이다. *"청함을 받은 자는 많되 택함을 입은 자는 적으니라"(마 22:14)*

에덴동산도 하나님 나라를 상징한다. **예수님의 제사 이후 찢어진 휘장은 태초의 인간 아담과 하와가 범죄 했을 당시 막아 놓았던 생명나무의 길이 열린 것이기도 하다.** 에덴동산에서 아담과 하와가 먹지 말라는 선악과를 먹고 난 뒤에, **하나님은 그룹들을 시켜서 생명나무의 열매를 따 먹지 못하도록 생명나무를 지키게 하셨다.** 의롭지 못한 자들이 생명나무의 열매를 먹고 영생하면 안 되기 때문이다. 그러나 이제는 예수를 구주로 영접하는 사람을 의로운 자로 인정하고, 생명나무의 열매를 먹고 영생할 수 있도록 막았던 그 길을 열어 놓으셨다. 예수 그리스도와 함께하는 자들은 비로소 하늘에 있는 진정한 생명나무의 열매를 따 먹고 영생할 수 있게 되었다.

이와 같이 예수님의 죽음은 우연히 일어난 슬픈 사건도 아니고, 예수님을 죽인 유대인을 원망할 일도 아니다. 구약 성경의 계시를 따라 마땅히 죽어야 하는 일이었던 것이다. 나치 독일이 유대인들이 예수님을 정죄하여 죽인 장본인의 후손이기 때문에 그처럼 잔인하게 학살했다는 말을 들었을 때, 참으로 놀라지 않을 수 없었다. 성경에서 전하는 진짜 메시지는 모르고 겉으로 나타난 이야기에만 몰입하면, 이처럼 무서운 오해와 결과가 나타나게 된다는 사실을 우리 역시 늘 명심해야 할 것이다.

※ 덧붙이는 글

· 지성소는 에덴동산과 하나님 나라의 모형이며 상징이다. 지성소 안에 있는 언약궤는 예수 그리스도, 생명나무이다.

· 지성소 안에 있는 언약궤를 그룹이 덮고 있다는 것은 하나님이 그룹들을 시켜 생명나무를 지키게 한 모습과 같으며, 따라서 언약궤는 생명나무를 상징한다.

· 언약궤 속에는 만나를 담은 항아리, 아론의 싹 난 지팡이, 언약의 두 돌판이 있다. 만나는 예수님의 말씀, 싹 난 지팡이는 예수님의 부활, 두 돌판은 예수께서 옛것(율법)을 폐하시고 새것(새 계명)을 세우시는 언약을 상징한다.

※ 예수님이 대제사장인 증거

레위 지파의 아론의 반차를 따른 제사장과 대제사장들이 드리는 제사는 하나님이 받으시지 않으셨기 때문에, 새로운 흠 없는 대제사장과 제사장이 필요하고, 그 새로운 분들이 제사를 드려야 하나님은 연납하기로 이미 작정하고 계셨다. 그래서 세상의 레위 지파가 아닌 하늘의 반차를 따른 대제사장이 탄생되어야 했다. 그 반차가 멜기세덱의 반차다. 멜기세덱은 제사장을 배출하는 새로운 흠 없는 하늘의 지파이다. 그 증거가 창세기 14장에 기록되어 있다.

아브라함은 노략물 중 10분의 1을 멜기세덱에게 바쳤다.*(창 14:19)* 율법에서 10분의 1을 바치는 것은 제사장이 배출되는 레위 지파의 생활비 내지는 제사 비용을 위한 것이다. 따라서 십일조를 받은 의의 왕, 살렘왕, 평강의 왕이신 **멜기세덱은 제사장을 배출**

할 수 있는 지파라는 것을 암시하기 위해 아브라함이 멜기세덱에게 십일조를 바친 것이다. 그러므로 하늘의 지파인 멜기세덱의 반차를 따른 예수 그리스도는 흠 없는 대제사장이라는 증거가 된다.*(히 7:1-28)* 예수님과 함께 제사한 요한은 레위 지파의 혈과 육을 따른 레위 지파의 제사장이지만 특별히 흠이 없는 존재였다는 것을 메뚜기와 석청을 먹고 다녔다는 말로 증명했다.

다 이루었다 II

“제사장마다 매일 서서 섬기며 자주 같은 제사를 드리되 이 제사는 언제든지 죄를 없게 하지 못하거니와”
(히 10:11)

“예수 그리스도의 몸을 단번에 드리심으로 말미암아 우리가 거룩함을 얻었노라”
(히 10:10)

사복음서는 예수님이 율법의 규례를 따라
하나님께 드리는 마지막 제사의 기록이다.

십자가 번제단

예수님이 흘린 피는
단 사면에 피를 바른 것
(율법의 규례대로)

이스라엘이 제사의 종류대로 자주 드렸어도 속죄의 길은 열리지 않았으나 예수님은 이 다섯 가지 제사를 단번에 드리셨고 영원한 효력이 있는 제사를 드렸다.

예수님의 십자가의 죽음은 율법의 마지막 제사

제사에 대해 앞에서 대강 설명했지만 이제 좀 더 자세히 알아보자. 사도 바울은 교리로 교인들에게 예수님의 십자가의 죽음과 부활을 성경대로 죽으셨다가 성경대로 살아나셨다고 했다.*(고전 15:3-4)* 이 말씀은 대부분의 사람들이 생각하기를 신약 성경에 기록된 예수님의 말씀대로 죽으셨다 살아나셨다는 이야기를 한 것으로 생각하는데, 바울이 이 서신을 쓸 때는 A.D. 55년경으로 예수님 돌아가신 지 22년 뒤의 일이다.

그 시대에는 신약 성경이 존재하지 않았다. 신약 성경이 쓰인 것은 A.D. 300년경부터이다. 따라서 여기서 '성경대로'는 구약 성경을 가리키는 말씀이다. 구약 성경에는 십자가의 사건을 암시하는 내용들은 무수히 많지만 어떠한 모습으로 나무에 달려 죽으시게 될 것인가를 자세히 기록한 성경은 오직 율법이다. 그래서 율법대로 죽으시고 살아나셨다는 말씀이다. 율법을 대신 지켜 주는 구세주가 되신 것이다. 그것을 증명해 주는 말씀이 "다 이루었다"라는 말씀이다. 율법을 다 이루었다는 말씀이다. **예수께서는 율법을 온전케 하시고 다 이루시기 위해 오신 분이시다.***(마 5:17-18)*

앞에서는 율법의 절기를 지키시는 모습과 온전한 제사로 하늘 길을 열어 놓으시는 과정을 설명했고 이제는 율법의 규례를 따라 번제, 소제, 화목제, 속죄제, 속건제를 단번에 온전하게 드리시는 모습을 설명하기로 하겠다. 이미 앞에서 설명한 바와 같이 제사장 요한과 대제사장 예수께서 이 다섯 가지 제사를 함께 하나님께 드린 것이다. 율법을 따라 이스라엘 제사장들은 번제, 소제, 화목제, 속죄제, 속건제는 따로따로 드리기 위해 자주 드려야 했지만 예수께서는 단번에 그 여러 가지 제사를 영원한 효력이 있는 온전한 제사를 드리신 것이다. **다섯 가지 제사를 어떻게 드리셨는가 한번 살펴보자.**

첫 번째 제사: 번제의 규례

· 소나 양을 생축으로 드려야 했다.*(레 1:2)*

이 규례를 따라 예수님은 친히 희생 제물이 되셔서 겉옷과 통으로 짜인 속옷을 벗은 채 벌거숭이 모습으로 산 채로 십자가에 번제의 제물로 달리셨다.*(요 19:23)*

· 생축으로 가죽을 벗긴 흠 없는 수컷으로 드려야 했다.*(레 1:3)*

예수님은 흠도, 결도 없으신 하늘에서 오신 분이며 **남자로서** 사시다가 제물이 되셨기 때문에 이 규례로 지키신 것이다.

· 번제물의 머리에 안수해야 했고, 그러면 연납되어 속죄가 될 것이라고 기록하고 있다.*(레 1:4)*

앞에서 누누이 설명했듯이 세례 요한이 예수님께 **세례를 통한 안수**를 함으로 그 규례도 지키셨다. 그리고 제물의 머리에 안수하면 연납되어 정결케 된다는 말씀은 이런 원리다. 안수할 때 백성들의 죄가 번제물에 전가되어 그 내장과 기름이 불에 태워질 때 죄도 함께 없어지므로 정결케 되고 속죄가 되는 것이다. 죄가 없어지는 하나님의 백성을 생각할 때, 하나님께 그 냄새가 아주 향기롭게 느껴지는 것이다.

· 내장과 정강이를 불에 살라야 하는 규례가 있다.*(레 1:9)*

예수께서 땡볕에서 애간장이 다 타는 고통을 겪으시면서 그 규례도 지키신 것이다.

· 번제물의 피를 단 사면에 뿌려야 했다.*(레 1:5)*

예수께서 십자가에 달리실 때 가시 면류관을 쓰시고 달리셨다. 그래서 가시 면류관을 쓴 **머리와 양 손목과 두 발을 모은 발목 등 십자가의 네 뿔에 피를 흘려 바르시고 뿌리셨다.**

여기서 **가시 면류관을 쓴 이유** 첫 번째는 **승리의 면류관의 의미**다. 사탄이 아담을 범죄 하게 한 결과인 죄를 도말함으로 사탄을 이긴 승리의 면류관이다.

두 번째는 유대인의 왕, 곧 이면적 유대인 곧 **성도들의 왕**으로서 왕관을 쓴 것이며 율법의 규례를 성취시키는 **번제단 네 뿔 중에 한 곳에 피를 바르기 위함**이다.

· 예수께서 골고다 언덕에서 십자가를 지고 가실 때, 가시 면류관을 씌우고 침을 뱉고 희롱했다. 이 장면은 구약 성경의 아브라함의 두 아들 중 하갈에게서 난 이스마엘 형이 사라에게서 난 동생 이삭을 희롱하고 괴롭힌 모습이 응해지는 모습이다. 예수님께 침을 뱉은 무리들은 예수님보다 먼저 태어난 아담의 후손

들로서 형에 해당하는 존재들이다. 형들이 동생을 괴롭히고 희롱한 것이다. 동생 이삭을 희롱하고 아버지의 집에서 쫓겨난 형 이스마엘처럼 동생 예수를 희롱하고 괴롭게 한 형에 해당하는 아담의 후손인 유대인 무리들은 하나님 아버지 집에 들지 못하고 이 세상에서 유리하는 신세가 된다.

두 번째 제사: 소제의 규례

· 번제 화목제와 함께 드리는 소제례는 고운 가루를 드리는 제사이다.*(레 2:1)*

거칠지 않아야 된다는 말이다. 거칠다는 것은 하나님께 거역함으로 거슬림이 되는 행위이다. 예수께서는 당신의 몸으로 친히 번제를 드리실 때 거역함 없이 모진 고통을 다 겪으시면서 순종의 죽임을 당하심으로 소제를 온전히 드리신 것이다.

· 누룩이 없는 처음 익은 곡식으로 소금을 쳐서 기름을 붓고 유향을 쳐서 불에 태워 드리는 규례가 있다.*(레 2:11-16)*

누룩이 없어야 한다는 것은 죄가 없어야 한다는 것이며 처음 익은 곡식은 첫 열매를 가리키는 말이다. 그래서 죄 없으신 예수께서 이 세상의 하나님의 양 무리들 중에 처음으로 드려짐으로 처음 익은 곡식이 되시고, **썩어 가는 세상에 소금의 역할**을 하시기 위해 오신 분으로서, 그리스도로서 **기름 부음을 받고** 오신 분이시다. 또 마리아가 예수님께 **향유를 부어** 장사를 도우므로 이 모든 규례를 지키셨다. 그리고 마리아가 머리털로 예수님의 향유 묻은 발을 씻을 때 집에 향유 냄새가 가득했다고 기록하고 있다.*(요 12:3)* 이 역시 기름과 향유를 바른 처음 익은 곡식의 가루를 불에 태울 때 여호와께 향기로운 냄새니라 하신 말씀이 성취되게 하기 위한 행동이다.*(레 2:9-16)*

세 번째 제사: 화목제의 규례

· 소나 양과 염소를 구분하지 않고 드렸으나 반드시 고기는 이웃과 나누어 먹어야 했고 피는 제단 사면에 뿌려야 했다.*(레 3:1-3)*

하나님은 인간들의 화목을 위하여 받으실 제물에 대해 정해 주지 않으시고 드리고 싶은 것을 드리도록 자유를 주셨다. 예수님의 죽음은 인간들과 하나님 사이의 화목을 위하여 드리는 염소이자 양이자 소이자 비둘기였고 그 희생은 남녀노소, 부한 자, 가난한 자, 선민, 이방인을 가리지 않고 모든 인류를 대상으로 하는 죽음이다. 그러므로 누구나 그분을 구주로 믿고 영접할 수 있는 기회가 주어지니 모든 이웃이 고기를 나누어 먹어야 하는 규례도 지키신 것이다. 그리고 역시 십자가의 제단 네 뿔에 피를 바르셨다.

네 번째 제사: 속죄제의 규례

· 제물의 피를 역시 단 사면에 바르고 남은 것을 번제단 밑에 부어야 하는 규례가 있다.*(레 4:7)*

예수님은 십자가 제단 네 뿔에 피를 바르시고 한 군병이 예수님의 옆구리를 찔러 물과 피가 다 나옴으로, 십자가의 제단 밑에 남은 피 전부를 부으심으로 속죄제의 규례도 지키셨다. 피 흘림이 없으면 죄 사함이 없다는 말씀과 같이 예수께서 십자가에서 희생 제물로서 흘리신 피로 인해 모든 인류가 속죄함을 받을 수 있는 길이 열린 것이다.

다섯 번째 제사: 속건제의 규례

· 세겔 은에 상당한 흠 없는 숫양을 떼 중에서 끌어다가 드려야 했다.*(레 5:15)*

예수님은 군중, 유대인, 제자들과 함께 있었지만 그중에서 제자들과 특별히 예수님을 따르는 무리들은 양 떼를 의미한다. 그들 중에서 끌려가신 것은 떼 중에서 흠 없는 숫양을 취해야 하는 규례를 지키신 것이다.

· 그리고 예수께서 잡히게 된 결정적인 요인은 은 삼십을 받고 대제사장들에게 팔아넘겼기 때문이다. *(마 26:15)* 이것 또한 상당한 세겔 은을 주고 끌어다 제물 삼아야 하는 규례가 성취된 것이다. 다시 말해서 가룟 유다가 예수님을 은 삼십에 팔아넘긴 것은 율법의 속건제의 규례를 성취시키는 일꾼으로 쓰임받은 것이다. 불행한 일꾼이 된 유다는 악역을 맡은 일꾼이었다.

이와 같이 예수님은 이스라엘 유대 민족의 왕이 되기 위해 오신 분이 아니며, 이 땅에 살기 위해 오신 분은 더더욱 아니다. 오직 하나님의 명을 받아 율법의 규례를 따라 십자가상에서 죽기 위해 오신 분이다. 그렇게 예수님은 율법의 규례를 따라 마지막으로 제사를 드렸으니 율법의 마침이 되고 완성자가 되셨다.

"내가 세상에 온 것은 내 임의대로 온 것이 아니라 아버지의 뜻을 행하러 온 것이다"
(요 6:30)

율법을 따라 이스라엘의 레위 지파 제사장들이 드리던 제사는 불완전하며 백성들의 죄를 없이 하지 못함으로 그 제사를 원치도 않으셨다.(형들의 제사) 그러나 예수께서 드리신 제사는 완전한 제사이므로 하나님이 받으시고 그때부터 온 인류의 죄가 사해지는 길이 열리게 되었다.(아우의 제사) 가인과 아벨의 제사 이야기가 성취된 것이다.

※ 추론

예수께서 십자가에 못 박히실 때 두 행악자도 좌우에 못 박혔다. 그 강도들은 **예수님을 못 박은 자들과 같이 예수님을 욕하고 희롱했다.***(마 27:44)* 그러나 예수께서는 율법의 규례를 지키기 위해 그 강도들과 당신을 못 박은 자들을 위하여, "아버지여 저희의 죄를 사하여 주옵소서"라고 속죄를 요구하셨다.*(눅 23:34)* 제사장이 그를 위하여 속한즉 사함을 얻으리라고 한 속건제의 규례를 지키신 것이다.*(레 5:16)*

먼저 된 자가 나중 되고 나중 된 자가 먼저 되리라

성경은 처음부터 이 원리를 전하고 있다.

“내 것을 가지고 내 뜻대로 하려는 나를 너희가 어찌 악하다 하느냐” (마 20:15)

세상 관습(아버지 집)		하나님의 자손(하나님의 집)	
장자(형)	차자(아우)	아담(장자/형)	그리스도 (차자/아우)
먼저 된 자	나중 된 자	먼저 된 자들	나중 된 자들
상속자	쫓겨나는 자	쫓겨나는 자들	상속자들
		장남의 자격 박탈	장남의 자격 획득
		나중 된 자의 처지	먼저 된 자의 처지
		세상 사람들	성도들

아담의 후손인 모든 인류나 성도들이나 두 부류 모두 한 태에서 난 하나님의 자손이다. 그래서 하나님 편에서 보면 아담과 그의 후손 모든 사람들은 먼저 태어난 형이며 장남이고, 그리스도와 성도들은 이 땅에 나중 태어난 동생이자 차남들이다. 따라서 **아담과 사람들은 먼저 된 자이고 그리스도와 성도들은 나중 된 자이다.**

구약 성경의 인물 중에 형들은 왜 쫓겨나야 하는가

✝

베드로 사도는 예수님께 질문했다. “우리가 모든 것을 버리고 주님을 따랐을 때 무엇을 얻겠습니까?” 예수님은 “하나님 나라에서 예수님과 같이 높은 지위도 얻게 되고 상급을 받고 얻게 된다”라고 대답하시며, “그러나 먼저 된 자로서 나중 되고 나중 된 자로서 먼저 될 자가 많으리라”라고 암시하며 말씀의 결론을 내리셨다.*(마 19:30)* 너희는 반드시 하나님 나라에서 영생이 보장되지만, **다른 사람들에게는 먼저 된 자가 나중 되고, 나중 된 자가 먼저 되는 원칙이 적용된다는 말씀**이다. 그리고 예수님은 포도원 품꾼들의 이야기를 예로 들어 설명하셨다.*(마 20:1-6)*

집주인이 일꾼을 구하러 밖에 나가서 하루에 한 데나리온을 약속하고 품꾼들을 포도원에 들여보내고, 제삼 시에도 또 나가서 보니 놀고 있는 자가 있어 포도원으로 들어가라 하고 내가 너희에게 상당하게 주리라 하였다. 제육 시와 구시에도 나가 보니 놀고 있는 자가 있어 포도원에 들여보내고 해가 저물매 청지기에게 일러 나중 온 자부터 먼저 온 자까지 삯을 주라 하였다. 나중 온자나 먼저 온 자나 똑같이 한 데나리온씩 주니 먼저 온 자들이 불만이 가득하여 주인에게 따져 물었다. "우리는 일찍 와서 일을 더 많이 했는데 나중에 와서 일을 적게 한 자들과 같은 대우를 하는 것은 부당한 처사가 아닙니까?" 그때 집주인은 "네가 나와 한 데나리온에 약속하지 않았느냐? 나는 네게 잘못이 없다. 내 것을 가지고 내 마음대로 할 권한이 없느냐? 어찌 나를 악하다 하느냐? 네 것이나 가지고 가라"라고 한다.

예수님은 비유를 마치시고 또다시 그러므로 "나중 된 자로서 먼저 되고, 먼저 된 자로서 나중 되리라"라고 강조하시며 베드로의 질문의 답을 마치셨다. 우리의 사고방식으로 위 예문의 내용을 보면 매우 불합리한 처사이고 지탄의 대상이 되겠지만, 예수께서 그 예를 들어 말씀하신 뜻은 우리 사람들의 생각과는 다른 방법으로 천국 백성을 삼으시며, 이는 하나님의 마음에 달려 있다는 것을 의미한다. **그 하나님 마음대로 천국 백성 삼는 방법은 바로 먼저 된 자가 나중 되고 나중 된 자가 먼저 되게 하는 원리의 적용이다.** 위 예문을 보면 나중 온 자도 먼저 온 자만큼의 대우를 받았다. 그것은 나중 된 자가 먼저 된 자처럼 되는 하나님의 권한의 방법을 설명하기 위한 것이다. **우리가 천국 가는 원리는 반드시 나중 된 자가 먼저 된 자처럼 되는 원리다.**

우리는 먼저 된 자가 나중 되고 나중 된 자가 먼저 된 자가 많으리라는 말씀을 말 뜻 그대로 이해해서 예수를 나중 믿은 자가 먼저 믿은 자보다 더 뜨겁게 신앙생활을 하고 먼저 믿은 자가 나중 믿은 자들만 못해 보이는 신앙의 열정을 지적할 때 이 말씀을 적용한다.

나중 믿은 자가 먼저 믿은 자보다 뜨거워 보이는 신앙의 모습은 역시 먼저 믿은 자의 신앙의 세월만큼 흘러가면 그도 역시 다를 바가 없게 되는 것이 어쩔 수 없는 사람의 모습이며, 사실 그 적용 자체는 잘못된 적용이다.

그처럼 당연한 말씀을 예수께서 예문까지 들어가며 하셨을까? 이제 하나님의 독단적인 권한의 방식대로 하나님이 백성 삼는 원리를 설명하겠다. **이 말씀은 상속의 원리에 적용해야 이해될 수 있는 말씀이다.** 그래서 그 원리를 전하기 위한 비밀의 계시가 구약 성경의 형제 이야기 속에 숨어 있다.

아담의 두 아들 가인과 아벨, 아브라함의 두 아들 이스마엘과 이삭, 이삭의 두 아들 에서와 야곱, 유다의 두 아들 베레스와 세라의 이야기를 보면 형들은 아버지 집에서 쫓겨나고 동생들은 아버지 집의 상속자가 된다. 물론 형들이 잘못한 점이나 실수도 있었다. 그렇다면 성경에 등장하는 형들은 왜 반드시 동생만 못한 행동을 할까? 뭔가 이상한 생각이 들지 않는가?

먼저 태어난 형들이 반드시 동생보다 못된 성격을 갖고 태어나거나 무능한 것도 아닐 텐데 왜 성경에 기록된 형들의 모습은 그러할까? 형 가인은 동생 아벨을 시기하여 죽이고 집에서 쫓겨났고, 이스마엘은 동생 이삭을 질투하다 쫓겨났고, 에서는 동생 야곱에게 팥죽 한 그릇에 장자권을 팔아 쫓겨났고, 므낫세와 에브라임 중에는 야곱이 차자인 에브라임에게 오른손을 바꿔 얹어 축복했고*(창 48:13-14)* 유다의 두 아들 베레스와 세라는 동생 세라가 홍포를 매

고 태어났다고 기록하고 있다.*(창 38:27-30)*

그 결과 동생들이 모두 아버지 집의 상속자가 되었다. 이런 형제들의 이야기는 하나님 나라의 상속자가 되는 원리를 전하고 있는 것이다. **반드시 동생들이 하나님 아버지 집의 상속자가 된다는 하나님 아버지의 방침을 전하는 것이다.** 은밀하게 전하는 비밀의 계시이다.

좀 더 자세히 설명하면 이러하다. 사람들의 오랜 관습에는 장자에게 부모의 집과 재산을 물려주고 차자에게는 부모의 재량에 따라 약간의 재물을 주어 아버지 집을 떠나 살게 하였다. 그래서 먼저 된 형은 상속자이고, 나중 태어난 아우는 쫓겨나는 비상속자다. 그러나 하나님 나라에서는 이 운명이 뒤바뀐다. 하나님 나라에 간다는 것은 하나님 나라를 기업으로 받는 상속자가 되는 것을 의미한다. 그런데 그 상속은 구약 성경의 동생들처럼 나중 된 자가 먼저 된 자처럼 지위가 바뀌어서 받는 상속이다.

이미 앞에서도 언급한 이야기의 연장이지만 이제 본론을 이야기하겠다. **이 세상에 사는 사람들 중에는 아담의 후손들이 있고, 예수 그리스도의 후손들(성도들)이 있다.** 이 두 부류의 사람들은 모두 하나님 한 태에서 난 하나님 자손이다. **모두가 하나님의 피조물이므로 모두 하나님의 자손인 것이다.** 그래서 이 세상에는 아담과 그의 후손들이 그리스도와 성도들보다 먼저 태어난 형이며 반대로 그리스도와 성도들은 이 세상에 나중 태어난 동생들이다. 세상 관습대로라면 하나님의 같은 자손으로서 세상 사람들은 먼저 된 자(형)들이기 때문에 상속을 받아야 하는데 상속권이 없어 나중 태어난 동생들의 처지가 되어 하나님 아버지 집을 상속받지 못하고 쫓겨나는 신세가 된다는 것이다.

그리고 성도들은 나중 태어난 동생들이면서 상속권을 특별히 받아서 하나님 아버지 집의 상속자가 되어 먼저 된 자(형)의 자리와 지위를 차지하게 된다는 것이다. 세상의 상속법에 비교해 보면 먼저 된 자들이 상속을 받지 못하고 나중 된 자들이 상속을 받게 되니 그들이 먼저 된 자들, 즉 장남처럼 되는 것이다. **먼저 된 자가 나중 된 자처럼 되고 나중 된 자가 먼저 된 자처럼 된 것이다.** 그래서 하나님 나라는 반드시 이 법칙이 적용될 것을 구약 성경 형제들 이야기 속에서 반복적으로 강조하며 계시한 것이다.

하나님의 약속

“네 본토 친척 아비 집을 떠나 내가 보여줄 땅으로 가라 그곳에서 너로 큰 민족을 이루고 네게 복을 주어 네 이름을 창대하게 하리라”
(창 21:1)

“너희가 그리스도의 것이면 곧 아브라함의 자손이요 약속을 유업으로 얻은 자니라”
(갈 3:29)

“여럿을 가리켜 그 자손이라 하지 아니하고 오직 한 사람을 가리켜 네 자손이라 하셨으니 곧 그리스도라”
(갈 3:16)

그러므로 아브라함은 그리스도와 성도들이 받을 천국의 복을 전하는 일꾼이었다.

하나님의 약속(언약)

두 언약	
몸종(육체의 종)	자유하는 여자
하갈(옛 언약)	사라(새 언약)
이스마엘	이삭
땅의 복(물질의 세계)	하늘의 복
언약에서 배제(파기)	언약의 주인공
범법함(율법)	순종함(율법의 성취)
아브라함(세상)	그리스도(교회)
가나안 땅	하나님 나라
계시	성취
그림자	실체

구약		신약	
예표	실체	예표	실체
하갈(몸종)	육체(종)	자유하는 여자(사라)	마리아(성령)
이스마엘	이스라엘	이삭	그리스도
열두 방백	열두 지파	열두 지파	열두 사도
유리하는 자	땅의 예루살렘 (가나안 땅)	땅의 예루살렘 (가나안 땅)	하늘의 예루살렘
세상에서 유리하는 자들		불안정한 정착	완전한 정착
이방인들(세상 사람들)		표면적 유대인	이면적 유대인
하나님 나라에 못 들어가는 자들(세상)		하나님 백성(천국)	

(갈 4:24-31)

이삭의 출생 속에 숨겨진 비밀

구약 성경을 읽다 보면 '하나님은 이스라엘 민족에게만 복을 주시기로 작정하신 분인가?'라는 생각이 든다. 이스라엘 민족만 하나님 백성이고 하나님은 그들만의 하나님인 것처럼 느껴져 '왜 우리가 이스라엘의 역사를 배워야 하는가'라는 생각마저 들게 한다. 그러나 하나님은 이스라엘 민족에게 복을 주시기 위해 그들을 선택한 것이 아니라는 것을 신약 성경을 통해 알 수 있다. 사람들은 세상에 있는 재물이나 자손, 땅이 번성하는 것을 진정한 복으로 생각하기 때문에 그들을 일꾼으로 쓰기 위해서 그런 복을 주겠다는 말씀을 할 수밖에 없었고 그 복의 내용은 그들이 사는 동안에 필요한 조건들이며, 번성할 때 나타나는 현상들이기도 하다.

그러나 하나님은 세상 물질의 복보다는 하나님 나라의 복을 주시기 원하신다. **그 하나님 나라의 복을 받는 비결을 전달하는 일꾼으로 아브라함과 그의 후손 이스라엘 민족이 선택된 것이고, 사용하는 과정에서 나타나 보이는 현상을 복이라 표현하시고 그것을 준다고 약속하신 것이다. 그리고 이스라엘 민족이 받은 복은 이 시대에 성도들과 그리스도가 받을 복에 대한 암시이자 계시이다.** 그들이 복을 받는 과정은 이러하다.

하나님은 갈대아 우르에 살고 있는 아브람을 불러 *"너는 너의 본토 친척 아비 집을 떠나 내가 네게 지시할 땅으로 가라 내가 너로 큰 민족을 이루고 네게 복을 주어 네 이름을 창대하게 하리니 너는 복의 근원이 될지라"(창 12:1)*라고 말씀하셨다. 아브람이 순종하여 하나님을 따랐고, 하나님은 가나안 땅을 자손에게 주어 크게 번성하게 한다고 약속하셨다.*(창 12:7)*

그 후 아브람은 팔십육 세에 사라의 몸종 하갈에게서 장자 이스마엘을 낳았다.*(창 16:15)* 아브람의 나이 구십구 세 때에 하나님이 나타나셔서 *"너는 내 앞에서 행하여 완전하라 내가 내 언약을 나와 너 사이에 세워 너로 심히 번성하게 하리라"(창 17:1-2)*라고 하셨다. 여러 민족의 아비가 되게 할 것이다, 왕들이 네게로부터 나오리라, 내 언약을 네 대대손손 세워 네 후손의 하나님이 되리라, 가나안 땅을 기업으로 주어 나는 그들의 하나님이 되리라는 내용의 말씀이다. 또 백 세에 아들 이삭을 주시겠다는 약속도 하셨다.

하나님이 아브람에게 하신 약속의 복을 받기 위해서는 하나님의 선택된 민족이라는 표징으로 할례를 해야 했다. **이 언약의 내용들은 아브람이 요구한 것도 아니며 하나님의 일방적인 약속이다. 아브람의 의사와는 상관없이 하나님과 아브람 사이에 계약이 체결된 것이다.**(B.C. 2067년경) 그 하나님의 약속이 완벽하게 실행되기까지는 이삭의 아들 야곱의 열두 아들이 낳은 자손이 번성했을 때, 애굽의 사백삼십 년의 종살이를 하면서 애굽의 땅을 이용하여 크게 번성한 뒤에 사십 년의 광야 생활을 거쳐 가나안 땅을 차지하기까지의 시간이 걸렸다.

아브라함은 백 세에 하나님의 약속대로 본 처 사라에게서 차남 이삭을 낳았다. 이삭은 이스라엘 민족의 조상이 되었으며, 하갈에게서 난 장자 이스마엘은 아브라함의 집에서 쫓겨나 타민족의 조상인, 열두 방백의 조상이 되었다. 이렇게 두 아들이 갈라져서 하나는 하나님의 약속에 들고 하나는 약속과는 관계없는 처지가 되었다. 이것이 바로 두 언약을 암시하는 것이다.

갈라디아서에는 아브라함에게 두 아들이 있었는데, 이는 두 언약을 뜻하는 것이라고 기록되어 있다. 하나는 사라의 종 하갈에게서 났고, 하나는 자유하는 여자 사라에게서 났다. 사라의 종인 하갈에게 나서 버림받은 이스마엘도 언약대로 태어난 것이고, 사라에게서 나 선민이 된 이삭도 언약대로 태어난 것이다.*(갈 4:21)* 그런데 이상하게도 사라에게서 난 이삭만이 약속으로 말미암았다고 기록하고 있고, 하나님의 약속을 받는 민족의 조상이 되었다. 그렇지만 약속의 복을 받지 못한 이스마엘의 계보도 분명 언약이라고 했다. 이 말은 무슨 뜻일까?

· 이스마엘의 언약은 이 세상 가나안 땅에서 이스라엘 민족이 받을 약속인 땅의 복을 받는 것을 예표한다.

이스마엘의 어미 하갈은 몸종이다. 몸종은 육체의 종, 곧 육체를 따라 사는 존재를 의미하며 모든 육체가 받는 복은 세상 복이기 때문에 이 세상에서 받는 실제의 가나안 땅의 주인들, 이스라엘 민족이 받는 복을 이야기하는 것이다.

· **그리고 이삭의 언약은 자유하는 여자의 후손 그리스도와 성도들이 받을 약속을 예표한다.**

이삭을 낳은 사라는 그리스도를 출산하는 마리아의 예표이다. 그러므로 이삭은 그리스도를 예표하는 인물이다. 따라서 그리스도와 그의 후손 성도들이 받는 복, 하늘의 복이 두 언약 중 이삭의 언약인 것이다. 아브라함과 그의 아들 이삭의 후손 이스라엘 민족에게 한 축복의 약속은 하나님 본연의 뜻이 아니고, 그리스도와 성도들이 받을 복의 약속을 전하는 것이 본래 하나님의 뜻이라는 것을 알 수가 있다. 그러므로 그들에게 약속한 모든 약속의 내용 뒤에는 성도들이 받을 하늘의 복이 숨겨져 있다.

이스라엘 민족에게 약속한 복의 내용은 땅에서 이루어지고(이스마엘의 언약), 그 내용 뒤에 숨겨진 똑같은 내용의 복은 하늘에서 이루어진다(이삭의 언약). 이스라엘 민족이 받은 젖과 꿀이 흐르는 가나안 땅은 하나님 나라의 상징이며 이스라엘 민족의 번성은 그리스도의 후손인 성도들의 번성을 약속한 내용이다. 그 증거로 갈라디아서에 보면 시내산과 예루살렘이 있는 이 세상 땅과 이스라엘 민족이 받는 약속보다는 위에 있는 예루살렘, 하늘의 약속이 진정한 약속이라고 기록하고 있다.*(갈 4:25-26)*

하나님은 이스라엘 민족에게 하신 약속 속에 그리스도와 성도들이 받을 복의 약속을 숨겨 놓고 말씀하신 것이다. 따라서 이스라엘 민족이 받을 것은 그리스도와 성도들이 받을 복에 대한 상징에 불과하다. 이스라엘 민족이 받은 약속은 옛 언약이고 그 뒤에 숨겨진 약속은 새 언약이다. 옛 언약과 새 언약에 대해서는 *히 8-10; 롬 9:1; 렘 31장* 등을 읽어 보면 자세히 알 수 있다. 옛 언약은 땅에 대한 약속이고 새 언약은 하나님 나라에 대한 약속이다. 옛 언약은 이스라엘 민족에게 한 약속이고 새 약속은 그리스도와 성도들을 위한 약속으로 온 인류가 대상이 된다.

"내가 이스라엘과 유다 집에 새 언약을 세우리라 내가 그들의 열조의 손을 잡고 애굽 땅에서 인도하여 내던 날에 세운 것과 같지 아니할 것은 내가 그들의 남편이 되었어도 그들이 내 언약을 파하였음이니라"(렘 31:31-32) 라고 기록하고 있다. 여기서 이스라엘 집은 이방 민족을 뜻하며 유다 집은 하나님의 선택된 민족을 뜻한다. 온 인류에게 하나님의 새 언약을 세우리라는 말씀이다. 하나님은 이스라엘 민족을 애굽에서 이끌어 내면서 여러 족속이 사는 가나안 땅을 정복하여 그들의 땅으로 주시겠다고 약속하셨다.*(출 3:8)* 그 약속은 아브라함에게 한 약속의 실현이다. 그리고 그 땅을 주는 대신 율법과 계명을 지키게 하셨다.

그러나 하나님은 약속을 지키셨는데 그들은 계명과 율법을 범함으로 스스로 하나님과의 계약을 파기하게 되었다. 하나님은 이스라엘 민족의 악한 행실에 분노하시어 이스라엘 민족과 맺은 옛 언약을 파기하고 온 인류를 대상으로 새 언약을 세우실 것을 전하셨다. 그러나 이 새 언약을 세우는 일의 예고는 이미 오래전 아브라함 이전 때부터 시작되고 있었다. 새 언약을 실행하실 예수 그리스도의 탄생의 예고는 구약 성경 이삭의 출생 속에 비밀리에 전하고 있었다.

하나님은 아브라함에게 백 세에 아들 이삭을 줄 것이며 그로 하여금 대를 잇게 하겠다고 말씀하셨다. 아브라함 처는 이미 경수가 끊겨서 아이를 출산할 능력이 없었는데 아들을 주신다고 하니 사라가 웃었으나 하나님은 약속대로 아들을 주셨다. 사람의 상식으로는 상상할 수 없는 놀라운 일이 일어난 것이다. **이 사건은 성령으로 잉태되어 태어나신 예수 그리스도의 탄생을 예고하는 계시의 사건이다.** 예수님도 사람의 상식으로는 이해할 수 없는 놀라운 방법으로 탄생했다. 예수님이 탄생하실 때 그의 부모인 요셉과 마리아는 정혼한 사이지만 한 번도 동침하지 않았는데도 불구하고 잉태하는 일이 일어난 것이다. 생명의 잉태가 불가능한 조건에서 잉태를 했다는 점이 사라가 이삭을 잉태할 때의 일과 같은 모습이다. 사라가 자신이 아이를 가질 것이라는 하나님의 말씀을 믿지 못하여 웃은 것처럼 마리아도 자신이 잉태한 사실에 몹시 놀라고 두려워했다.

아브라함의 차남 이삭으로부터 이스라엘 민족이 탄생한 것처럼 마리아가 낳은 예수님으로부터 새로운 민족 새 이스라엘 성도들이 탄생하게 되었다. 이삭은 예수 그리스도를 예표하는 인물이다. 이런 비슷한 사건들은 계시와 예언이 성취되는 모습을 보여 준다. **이삭의 출생은 예수 그리스도의 출생을 예고한 것이다.** 그것을 증명해 주는 말씀이 갈라디아서에 있다.

"이 약속들은 아브라함과 그 자손에게 말씀하신 것인데 여럿을 가리켜 그 자손이라 하지 아니하시고 오직 하나를 가리켜 네 자손이라 하셨으니 곧 그리스도라"
(갈 3:16)

이삭과 이스라엘 민족이 분명 아브라함의 자손인데 오직 한 분 그리스도가 아브라함의 자손이라고 하는 것을 보면 이삭의 탄생 이야기에는 그리스도의 탄생의 비밀을 전하기 위한 목적이 있었다는 것이다. 그리고 *"너희는 이삭과 같이 약속의 자녀라"(갈 4:28), "세례를 받은 자는 그리스도로 옷 입었느니라"(갈 3:27), "너희가 그리스도께 속한 자면 곧 아브라함의 자손이요 약속대로 유업을 이을 자니라"(갈 3:29)*라고 말씀하고 있다.

이삭을 포함한 많은 이스라엘 민족이 아브라함의 분명한 자손인데도 불구하고 그들이 아니라 오직 그리스도와 그에 속한 성도들이 아브라함의 자손이라고 기록하고 있는 것을 보면, **이삭과 이스라엘의 탄생은 그리스도와 성도의 탄생을 예고하고 계시하는 것이 목적이라는 것을 분명히 알 수 있다. 그리고 이스라엘에게 약속한 약속을 이을 자는 그리스도와 성도들이라고 분명히 말씀하고 있으니***(갈 3:27-28)* **아브라함에게 주기로 한 복의 내용도 그리스도와 성도들이 받을 복이라는 것이다.**

그러므로 구약은 신약을 위한 것이었다. **옛 언약 속에는 새 언약이 숨겨져 있다. 아브라함은 그리스도의 자손인 성도의 번성과 성**

도들이 받을 천국의 복을 전하는 일꾼으로 선택되고 부름받고 쓰임 받은 것이다. *"이를 인하여 그는 새 언약의 중보니 이는 첫 언약 때에 범한 죄를 속하려고 죽으사 부르심을 입은 자로 하여금 영원한 기업의 약속을 얻게 하려 하심이니라"(히 9:15)* 율법을 지키며 받아야 했던 가나안 땅의 복은 범법함으로 죄만 낳았고 율법의 중보자 그리스도께서 오신 후에 받는 하늘의 복이 하나님의 새 약속이라는 말씀이다.

"성경이 모든 것을 죄아래 가두었으니 이는 예수 그리스도를 믿음으로 말미암은 약속을 믿는 자들에게 주려 함이니라"(갈 3:22) 하였고, *"성경이 미리 알고 먼저 아브라함에게 복음을 전하되 모든 이방이 너를 인하여 복을 받으리라"(갈 3:8)라고* 기록하고 있다. 아브라함에게 한 약속의 내용은 그들에게 주기 위한 것이 아니기 때문에 그들이 범법하게 하여 이방인들 곧 이스라엘 민족이 아닌 성도들이 받게 하기 위한 것이 목적이라는 말씀이다. 그러면 그리스도께 속한 성도들이 현재 이스라엘 민족이 살고 있는 그 땅을 받는 것인가? 그것은 아니다.

가나안 땅은 위에 있는 하나님 나라의 상징이므로 실체인 하나님 나라를 받는 것이며 그것이 새 언약, 새 약속이다. *"오직 위에 있는 예루살렘은 자유자니 곧 우리 어머니라"(갈 4:26)* 자유하는 여자 사라의 실체인 마리아가 낳은 그리스도와 그의 후손 성도들은 위에 있는 예루살렘을 받게 되는 것이다. 그러므로 **하나님의 약속은 구약(옛 언약)이 아니라 구약 속에 숨겨진 신약이다.** 구약은 신약을 위해 기록된 것에 불과하다. 그래서 예수께서는 창세로부터 예비된 나라를 상속하라고 말씀하셨다.*(마 25:34)* 진정한 아브라함의 자손 그리스도와 성도들에게 창세부터 주기로 준비되었던 하나님 나라를 받으라는 말씀이다.

예표 옛 언약(구약)	실체 새 언약(신약)
사라	마리아
이삭	그리스도
이스라엘 민족	성도들
땅의 가나안 복지	하늘의 가나안 복지
율법의 범법	그리스도의 율법의 중보
파기	성취
계시	실체

하나님이 아브람에게 약속하신 말씀은 예수 그리스도께서 이루실 일에 대한 계시이다.

> "여호와께서 아브람에게 이르시되 너는 너의 본토 친척 아비 집을 떠나 내가 네게 지시할 땅으로 가라
> 내가 너로 큰 민족을 이루고 네게 복을 주어 네 이름을 창대케 하리니 너는 복의 근원이 될지라"
> (창 12:1-2)

예수 그리스도는 하나님께서 아브람에게 약속하신 말씀의 계시대로 하나님 아버지 집의 본토를 떠나서 하나님께서 가라고 하신 이 세상에 오셔서 새 이스라엘 민족인 이면적 유대인인 성도들의 조상이 되셨다. 큰 민족을 이루신 것이고, 성도들의 왕이 되셨으니 그

이름이 창대해진 것이다. 그러므로 아브라함의 복의 약속은 그리스도께서 이루실 일에 대한 비밀의 계시를 목적으로 한 것이다.

구원

"일곱째 천사가 소리 내는 날 그 나팔을 불게 될 때에 하나님의 비밀이 그 종 선지자들에게 전하신 복음과 같이 이루리라"
(계 10:7)

이스라엘 민족의 여정에는 구원에 대한(새 약속) 비밀의 계시가 숨겨져 있다.

계시	성취
모세의 출생	그리스도의 탄생
히브리 민족	유대 민족
애굽의 종살이(핍박)	로마의 속국(핍박)
바로왕	헤롯왕
모세를 죽이려 함	예수를 죽이려 함
하수에 띄워 보냄	애굽으로 피신
바로의 손에 자람(애굽)	타국에서 자람(애굽)
바로가 신생아 남자아이는 다 죽임 *(출 1:22)*	헤롯이 두 살 이하 남자아이는 다 죽임 *(마 2:16)*

"애굽에서 내 아들을 불렀다 함을 이루려 하심이니라"
(마 2:15)

이스라엘 민족이 애굽의 종살이를 할 때 그들을 구원하는 일꾼으로 모세가 하나님께 부름받은 일을 성취시키기 위해서 어린 예수님을 애굽으로 피신시켰다가 돌아오게 하신 것이다.

이스라엘 민족의 여정은 구원의 메시지

✝

우리가 구원을 받는다는 것은 세상으로부터의 구원이다. 인간은 태초부터 하나님의 집을 벗어나 세상에서 살게 한 사탄의 권세 아래 있기 때문에 우리의 구원은 사탄의 압제에서 벗어나 하나님의 집으로 돌아가는 귀향의 길이다. 하나님이 아브라함에게 하신 약속(언약)이 이루어지는 과정이 이스라엘 민족의 여정인데 그 과정을 알리는 것이 구약 성경의 기록 목적이 아니고 그들의 여정 속에 감추어서 하나님의 뜻, 곧 구원의 방법과 길을 전달하고자 하는 것이 목적이라는 것을 신약 성경을 통해 깨닫게 되었다.

그것이 갈라디아서이다.*(갈 3:4)* **성경은 처음부터 예수 그리스도를 알리기 위한 책이며 그분을 통한 인류의 구원을 이야기하는 것이 목적이다.** 이제 이스라엘 민족의 여정과 인류의 구원(성도)을 비교해서 설명해 보고자 한다.

이스라엘 민족은 히브리 민족으로 살아갈 때부터 하나님이 주신 가나안 땅에 타 족속들과 우거하고 있었지만 그 땅에 기근이 들어서 먹을 것이 풍족한 애굽 땅으로 야곱의 아들 요셉 덕분에 들어가서 살게 되었다.*(창 46:1-)* 그리고 그곳에서 히브리 민족의 수가 매우 많이 번성했을 때 하나님은 그들과의 약속을 기억하시고 모세를 지도자로 세워 구원의 약속을 실행하셨다.*(창 15:13-14)* 애굽 땅에 살면서 그들은 고역으로 학대를 받으며 종의 삶을 살았지만 그 수는 매우 번성하여 애굽 사람들과 애굽왕 바로가 위협을 느꼈다.*(출 1:12-14)* 이스라엘 민족이 살던 가나안 땅은 타민족과 함께 우거하고 있었기 때문에 땅은 좁고 환경도 열악하였는데, 애굽의 환경을 이용해서 크게 번성하도록 의도하신 것이고 가나안 땅을 모두 차지할 수 있는 힘을 기르기 위한 목적으로 애굽의 종살이를 시키신 것이다. 그래서 그 세월이 사백삼십 년이나 된 것이다. 그리고 그 수가 많아진 후에 비로소 그 땅에서 이끌어 내신 것이다.

이것은 형벌인가 은혜인가. 구속의 은혜이다. 수가 많아진 히브리 민족은 하나님의 보호 아래 모세와 아론의 인도로 홍해를 건너서 광야 사십 년의 생활을 거쳐 본래 살고 있던 곳으로 돌아왔다. 그 땅은 타 족속들이 살고 있는 땅을 정복한 것이다. 원주민을 몰아내고 그 땅을 차지했다. 그리고 본래 자신들이 살던 곳, 고향으로 돌아온 것이기도 하다. 그 과정은 하나님이 인류를 구원하는 과정을 그들의 여정 속에 감추어서 전달하신 암시와 비유의 생활이었다.

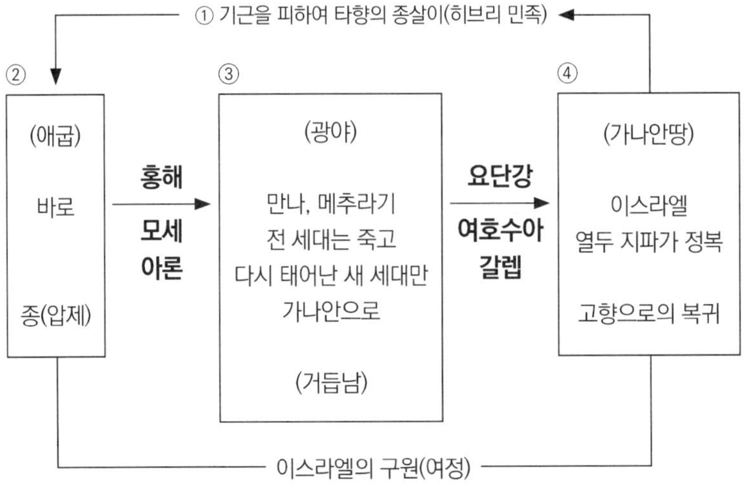

이스라엘의 여정과 성도들의 구원을 비교해 보자.

첫 번째 과정은 먹거리 때문에 종살이하는 과정이다. 하나님이 히브리 민족(이스라엘 민족)을 가나안 땅에서 타 족속과 우거하게 하셨는데, 그 땅에 기근이 들어 먹을 것을 구하기 위해 애굽으로 내려갔다가 그곳에 살고 있는 야곱의 아들 요셉 덕분에 눌러 살게 되었다. 애굽에 들어간 야곱의 자손은 칠십 명이었다.*(창 46:27)* 그곳에서 종으로서 모진 고역을 하며 살아야 했다. 타향살이를 하게 된 것이다. 이 과정을 우리 인간의 삶과 비교해 보면 이러하다.

인류의 조상 아담은 본래 하나님의 집인 에덴에서 하나님과 함께 살던 존재였는데 하나님이 먹지 말라는 선악과를 먹고 쫓겨나고 말았다. 먹거리 때문이었다. 그 후로 모든 사람은 하나님과 떨어져 사는 존재가 되었다. 그것은 사탄이 권세 잡고 있는 세상으로의 하락이다. 그 후로부터 이 세상에 사는 인간들은 사탄의 종으로 살아가는 것인데 육체의 본성 때문에 스스로 고달프게 모진 고역을 하며 사는 육체의 종으로서 타향살이를 하는 것이다. 이스라엘 민족의 애굽으로의 타락과 그 생활 모습은 인류가 하나님의 집 에덴으로부터의 추방과 세상살이, 곧 타향살이를 상징하는 것이다.

그다음은 애굽에서 바로의 통치하에 모진 고역으로 고통받으며 살다가 홍해를 건너 광야로 탈출하는 과정이다. 그것은 우리가 세상에서 육체의 정욕을 채우려고 모진 애를 쓰며 사탄의 종으로 살다가 예수 그리스도를 믿고, 그 믿음으로 교회라는 피난처로 구원받게 될 것을 암시하는 것이다. 이스라엘은 모세의 인도로 홍해를 건넜다. 애굽 땅과 광야를 가로막고 있는 거친 바다 홍해를 건널 수 있었던 것은 모세를 믿고 따랐기 때문이다. 우리도 마찬가지로 세상과 교회 사이에 가로막혀 있는 단절의 조건들을 헤치고 교회로 들어갈 수 있는 것은 예수 그리스도를 구주로 영접하고 믿고 따름으로 이루어지는 것이다.

이스라엘은 애굽으로부터의 구원이고 성도들은 세상으로부터의 구원이다. 애굽은 세상을 상징하며 바로는 사탄을 상징한다. 홍해를 건너게 한 모세는 그리스도를 예표하며, 모세를 따라 홍해를 건너는 것은 예수님을 따라 믿음으로 교회로 들어간 믿음을 상징한다.*(출 14:21-)* 애굽과 광야를 가로막은 홍해는 세상과 교회의 경계이다. 이 경계를 넘을 수 있는 것은 오직 믿음뿐이다. 홍해를 미처 못 건넜을 때 따라온 애굽 사람들, 바로의 군대들은 모세가 손을 내

밀어 물에 수장시키면서 남은 구간을 두려움과 함께 건널 수 있었다. 그 장면이 주는 교훈은 교회라는 곳으로 구원받는 자는, 계속되는 세상의 유혹 같은 사탄의 꾐을 수장시키지 않으면 안 된다는 것이다.

그다음 과정인 광야 생활은 구세대는 죽고 신세대가 태어나는 곳이다. 이스라엘의 광야 생활을 성도들의 교회 생활을 암시하는 과정으로 큰 교훈을 남겨 주고 있다. 하나님은 이스라엘 민족에게 광야 생활을 시작하면서 만나와 메추라기를 주어 먹게 하셔서 그들은 생명을 보존할 수가 있었다. 하루하루 걱정 없이 살 수 있게 해 주셨는데도 불구하고 잠시 목마름과 배고픔을 참지 못하고 모세를 계속 원망했다. 애굽에서 종살이를 할 때의 음식을 그리워하며 그때로 차라리 되돌아가는 편이 낫겠다고 불평을 늘어놓기까지 했다. *"우리가 애굽에 있을 때는 값 없이 생선과 외와 수박과 부추와 파와 마늘들을 먹은 것이 생각나거늘 이제는 우리 정력이 쇠약하되"(민 11:5-6)*라며 불평을 늘어놓았다. 애굽의 습성을 버리지 못한 그들은 가나안 땅을 정탐하고 돌아와서도 그 땅을 악평하고 백성들이 모세를 원망하게 했다. 그것은 가나안 땅을 정복하기보다 애굽을 그리워하는 마음이 컸기 때문일 것이다.

그 결과 하나님은 진노하여 이십 세 이상으로 계수함을 받은 자 중에 여호수아와 갈렙만을 제하고 애굽에서 나온 전 세대 육십만 명 모두를 광야에서 죽게 하셨다.*(민 4:29-39)* 그리고 광야에서 태어난 후세대들이 자라서 가나안 땅을 정복하게 되는데, 그들은 애굽을 모르기 때문에 가나안 땅을 정복해야만 살 수 있다는 마음이 들 수밖에 없어서 싸움에서 승리하게 된 것이다. 길은 그 길밖에 없으니 목숨 걸고 전쟁에 임하여 승리할 수밖에 없는 것이다.

이스라엘 민족의 광야 생활이 사십 년이나 된 것은 전 세대가 죽었으니 새 세대가 자라서 성인이 되는 세월이 이십 년 이상이기 때문이다. 이스라엘 민족의 광야 생활은 성도들의 교회 생활의 교훈을 암시한다.

첫째로, 이스라엘 민족의 구세대가 광야에서 모두 죽은 데서 얻는 교훈은 무엇일까? 그 교훈은 성도가 되기 이전에 세상 사람으로 살 때의 습성을 버려야 한다는 것이다. 부귀영화를 목적으로 살면서 사치와 자랑, 권세를 제 일의 가치로 여기고 세상 풍조를 따라 살던 때의 습성을 버려야 한다는 것이다.

애굽의 습성을 가진 자는 광야에서 모두 죽었듯이 성도들은 교회에서 세상 사람으로 살 때의 습성을 죽이고, 주님이 주시는 말씀으로 새롭게 변화를 받아 새사람으로 거듭나야 하는 것이다.*(엡 4:22)* 그것은 의와 진리를 따르는 삶이며, 성령으로 새롭게 되는 삶이다. 그렇지 않으면 애굽의 습성을 못 버리고 모세를 원망한 전 세대 모두가 가나안 땅에 못 들어간 것처럼 천국 백성이 될 수 없다는 교훈을 전하는 것이다. 그리고 전 **세대는 죽고 새 세대만 가나안 땅에 들어간 것처럼, 심령이 다시 태어난 자 곧 성령으로 거듭난 자만이 천국에 들어갈 수 있다는 진리를 전하는 것이다.** 예수를 믿으면 생각과 마음도 변화되어 행동까지도 세상 사람으로 살 때와는 전혀 다른 가치관을 가지고 살아야 한다.

두 번째 교훈은 하나님께 순종하는 자가 되어야 하나님 나라 백성이 된다는 교훈이다. 불순종하는 자들은 하나님 백성이 될 수 없기 때문에 민족의 지도자 모세마저도 가나안 땅에 들어가지 못했다.*(민 27:13-14; 신 3:27)* 모세는 신 광야 가데스 므리바에서 반석에게 명하여 물을 내라는 하나님의 말씀을 어기고 백성의 원성에 화가 나서 지팡이로 반석을 두 번 내리쳐 물이 나오게 했다.*(민 20:8)* 이는 하나님 말씀에 불순종한 것이며 그 죄로 인해 가나안 땅에 들어가지 못하게 된 것이다.*(신 32:51)*

하나님 말씀에 불순종하여 모세를 계속 원망한 전 세대는 하나님 백성으로 부적합하기 때문에 광야에서 다 죽이고 그곳에서 다시 태어난 새 세대는 애굽을 모르기 때문에 앞으로 살아야 할 땅이 가나안 땅밖에 없다고 인정하고 하나님의 말씀에 순종하는 길을 감으로써 가나안 땅에 들어가게 되었다. 마찬가지로 성도들은 옛사람의 구습을 벗어 버리고 **하나님이 정해 놓으신 길, 예수 그리스도의 말씀에 순종하며 사는 자만 천국에 들어갈 수 있다**는 교훈을 전하는 것이다.

다음 과정은 요단강을 건너 가나안 땅에 들어가는 과정이다. 이스라엘은 새 지도자 여호수아와 갈렙의 인도로 제사장들은 법궤를 메고(언약궤) 요단강을 건너 가나안 땅에 들어갔다. 가나안 땅은 천국을 상징한다. 가나안 땅에 들어간 정복자 이스라엘 민족은 야곱의 열두 아들로부터 번성한 사람들이다.

가나안 땅에 들어가는 이 과정은 성도들이 천국을 갈 때의 모습을 보여 준 것이다. 세상 사람들 중에서 거듭난 성도들은 새 지도자 부활하신 예수님과 성령님의 인도로 죽음의 강을 건너 천국에 들어가게 된다는 소식을 전하는 것이며, 예수님이 낳은 열두 제자로부터 번성한 새 이스라엘 민족이 천국에 들어가게 될 것을 전하는 암시적 계시이다. 법궤를 메고 들어가는 것은 하나님의 언약이 성취되는 순간을 알리는 메시지이다.

하나님의 약속은 이 시대의 성도들을 위한 것이며 그것은 하나님 나라, 진정한 젖과 꿀이 흐르는 가나안 땅을 유업으로 받는 것이다. 이와 같은 이스라엘 민족의 여정은 고향을 떠났다가 다시 돌아가는 복귀의 과정이며 그것은 인류가 하나님 나라를 떠났다가 다시 하나님 나라로 돌아가게 될 것을 전하는 비밀의 계시였다. 따라서 이스라엘 민족은 이런 구원의 과정을 전하는 사역자로 선택된 것이다.

구약(비밀의 계시) 이스라엘의 구원(축복)				
애굽		광야		가나안 땅(고향 땅)
여호와 하나님의 섭리 이스라엘 민족(종) 바로 왕 모세의 인도 하나님의 10가지 재앙 하나님의 구원 능력 증명 가나안 땅으로 들어갈 준비	아론 모세 → 홍해	여호와 하나님의 섭리 훈련받는 곳 전 세대는 죽고 다시 태어난 세대만 율법(모세) 만나 새 지도자 여호수아와 갈렙 임명	요단강 → 여호수아와 갈렙 인도 법궤	여호와 하나님의 섭리 이스라엘의 열두 지파의 땅 땅의 예루살렘 고향 땅으로의 복귀

신약(성취) 성도의 구원(축복)				
세상		교회		천국
예수 그리스도의 사역 이방 민족(종) 세상의 사탄(왕) 예수님의 인도 예수님의 이적 구원의 능력 증명 천국으로의 복귀 준비	믿음 → 예수와 요한	예수 그리스도의 사역 훈련받는 장소 거듭나는 곳 산상수훈과 제자들의 교훈 새 지도자 부활의 예수님과 성령	죽음 예수 그리스도 성령	예수 그리스도의 사역 이면적 유대인의 땅 열두 제자로부터 번성한 성도 하늘의 예루살렘 고향 땅으로의 복귀

공평하신 하나님

"이방인의 충만한 수가 들어오기까지 이스라엘이 더러는 완악하게 될 것이라"
(롬 11:25)

아담	아벨(셋)	노아	셈	아브라함	이삭	야곱	유다(하나님의 백성)
↓			↓	↓	↓	↓	↓
가인			함, 야벳	롯	이스마엘	에서	북 이스라엘(이방 나라)

십자가의 의미(겔 37:17)

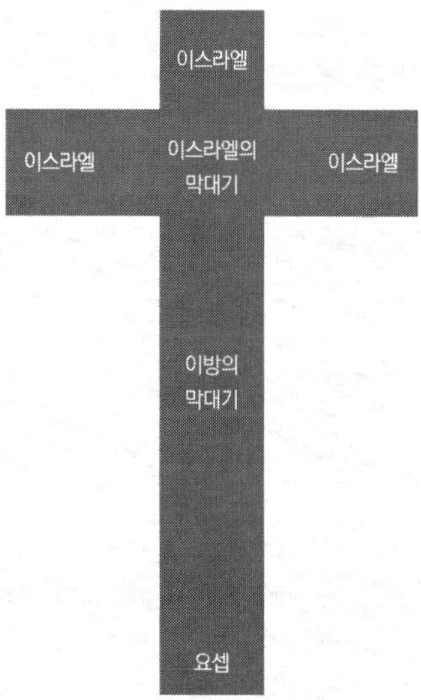

이스라엘과 유다의 연합은 이방과 하나님 백성의 연합을 의미.
십자가는 분리된 이방과 하나님 백성의 연합을 의미.
그리스도의 몸을 제물로 바치는 번제단을 상징.

율법의 부정한 짐승은 이방인을 상징

✝

성도들의 탄생은 가지치기와 접붙임으로 이루어진다.

> "네가 원 돌감람나무에서 찍힘을 받고 본성을 거슬러 참감람나무에 접붙임을 받았으니 원 가지인 이 사람들이야 얼마나 자기 감람나무에 접붙이심을 받으랴"
> (롬 11:24)

본문의 말씀을 해석하면 이러하다. 이방인은 원 돌감람나무의 가지이고 유대인은 참감람나무의 가지로 비유하면서, 원 돌감람나무에서 찍혀진 이방인 가지가 참감람나무에 접붙임을 받았지만 본래 참감람나무의 가지인 유대인들은 감람나무에 접붙임을 얼마나 받을 수 있을까라는 뜻이다. 참감람나무의 가지인 유대인들 중에서도 믿지 아니하는 자들은 찍힘을 받고, 돌감람나무의 가지인 이방인이라 할지라도 믿는 자는 참감람나무에 유대인의 가지가 찍혀진 그 자리에 접붙임을 받게 된다는 것이다.*(롬 11:19-20)*

그래서 **유대인들이 믿지 않는 자가 많은 것은 그들을 참감람나무에서 찍어 버리고 그 자리에 이방인의 충만한 수가 들어오게 해서**

참감람나무인 예수 그리스도의 몸에 유대인과 이방인이 함께 붙어 뿌리로부터 올라오는 진액을 먹고 함께 살게 하기 위함이라는 말씀이다.*(롬 11:25)* 이는 참으로 공평하신 하나님의 처사이시며, 온 인류를 사랑하시는 증거이다. 구약 성경을 읽다 보면 마치 하나님이 이스라엘 민족만 사랑하시는 것처럼 느껴지지만, 본문의 말씀을 통해 하나님은 모든 사람을 사랑하시며 모두에게 구원의 기회를 주신다는 것을 깨닫게 된다.

원 돌감람나무		참감람나무	
이방인		하나님 백성	
사탄의 진액		예수 그리스도의 진액	
이방인	유대인	유대인	이방인

하나님이 이방인에 해당하는 세상 사람들도 사랑하신다는 증거가 이미 창세기에 기록되어 있다. 아벨을 죽인 가인을 내쫓을 때도, 이삭의 형 이스마엘을 내쫓을 때도, 쫓겨나는 자들이 타인에게 해를 입을 것을 두려워하자 하나님은 표를 주어 그들을 해하지 못하도록 하셨다.*(창 4:15, 6:7-8)* 피치 못하여 이방 민족으로 분류되는 것뿐이다. 하나님은 셋, 노아, 셈, 아브라함, 이삭, 야곱, 이스라엘, 유다 민족으로 이어지는 단일 민족을 만들기 위해서 그들 외의 자손들은 모두 이방 민족으로 분류하신 것이다. 그 이유는 하나님의 구원 사역을 전달하는 데는 하나님의 민족만 있으면 되기 때문이다.

그 선택된 단일 민족의 뿌리에서 예수 그리스도를 탄생케 하여 그분으로 하여금 이스라엘 민족이 보여 준 구원의 비밀을 성취시키게 하셨다. 하나님은 아브람을 선택하시기 이전부터 단일 민족을 만드시기 시작하셨는데 그 선택된 **셋의 후손들이 이방으로 분류된 가인의 후예와 혼인하여 혼혈이 되었으므로, 노아만 남기고 모든 인류를 물로 멸망시키셨다.***(창 6:1-)* 타락해서 또는 방탕해서가 아니라, 생각의 모든 행동이 하나님의 계획에 어긋나는 모습만 보이는 자들이라 악하다 하시고 멸망시키신 것이다.

멸망 후의 노아로부터 태어난 이스라엘 민족이 여전히 하나님께 불순종하는 죄인인 것을 보면, 악한 자들은 멸하시고 선하고 깨끗한 자들은 번성하기 위하여 심판하신 것이라 여길 수가 없으며 따라서 타락의 죄 때문에 일어난 홍수 사건이 아니라 하나님 백성인 아벨의 자손이 이방인인 가인의 후예와 결혼한(혼혈) 것 때문에 하나님이 크게 진노하셨다는 사실을 알 수 있게 된다. 그렇게 혼혈이 된 인간들은 모두 멸하시고 노아로부터 새롭게 번성한 셈, 아브라함, 이삭, 야곱, 유다로 이어진 단일 민족으로 선별된 민족에서 예수님이 탄생하셔서 십자가에 죽으신 그 **십자가의 의미**는 더 이상 이방 민족과 하나님 백성으로 분리될 필요가 없기 때문에 **온 인류의 연합을 상징한다.***(겔 37:19)*

이스라엘 민족이 애굽의 종살이를 하고 광야를 거쳐 가나안 땅에 들어감으로 하나님의 구원 계획을 전달하는 일을 마쳤으니, 더 이상 그들만을 하나님 백성이라 하지 않으시고 이방 민족도 하나님 백성이 될 수 있다는 상징적인 의미를 가진 것이 바로 십자가이다.

십자가는 유다와 그 짝 이스라엘의 막대기와 요셉과 그 짝 이스라엘 막대기의 연합이다.*(겔 37:15-17)*

십자가는 이스라엘의 연합을 뜻하지만 한쪽은 이방 민족을, 또 한쪽은 유대인을 뜻한다. 솔로몬왕 이후의 북이스라엘은 이방 민족이기 때문에 두 막대기가 합쳐진 것은 이방과 유다의 연합을 의미하며 그 합쳐진 십자가에서의 온전한 예수님의 희생 제사는 온 인류를 위한 것이다. 하나님은 이처럼 유다 민족만을 위하여 구원 사역을 펼치신 것이 아니며 온 인류를 대상으로 하셨으니 편애가 아닌 공평하신 하나님이시다.

"이스라엘에게 대하여 가라사대 순종치 아니하고 거슬려 말하는 백성에게 내가 종일 손을 벌렸노라"(롬 10:21) 유대 민족뿐만이 아니라 이방인을 위해서도 십자가 제단에서 종일 팔을 벌리신 것이다. 그 증거를 하나 더 들어 보자.

"베드로가 기도하려고 지붕에 올라가니 시간은 제 육시더라
시장하여 먹고자 하매 사람이 준비할 때에 비몽사몽간에
하늘이 열리며 한 그릇이 내려오는 것을 보니 큰 보자기 같고 네 귀를 매어 땅에 드리웠더라
그 안에는 땅에 있는 각색 네 발 가진 짐승과 기는 것과 공중에 나는 것들이 있는데
또 소리가 있으되 베드로야 일어나 잡아 먹으라 하거늘
베드로가 가로되 주여 그럴수 없나이다 속되고 깨끗지 아니한 물건을 내가 언제든지 먹지 아니하였삽나이다 한대"
(행 10:9-14)

그 내용으로 미루어 보아 보자기 속에는 유대인들이 먹으면 안 되는 부정한 짐승들이 들어 있었다는 것을 알 수 있다.*(레 11:1-47)*

그런데 두 번째 소리 있어, 하나님이 깨끗게 한 것을 네가 속되다 하지 말라고 하셨다.*(행 10:15)* 하나님이 그 부정한 짐승들을 깨끗게 하셨는데 너는 계속 부정하다 하느냐는 것이다. 그 일이 있은 후에 베드로는 천사의 지시를 따라 가이사랴 지방에 있는 고넬료의 친척과 친구들에게 복음을 전했다.*(행 24:34)* 그리고 그들도 성령을 받고 세례도 받고 초대 교인이 되었다.

베드로가 전도한 가이사랴 지방과 고넬료의 친척과 친구들은 이방 땅의 이방인들이다. 환상을 따라 잡아먹은 것은 이방인이며 따라서 보자기 속에 있던 부정한 짐승들은 이방인을 상징하는 것이다. 그러므로 유대인들이 상대도 않던 이방인을 더 이상 속되다 아니하시고 유대인과 똑같이 깨끗한 존재라는 것을 하나님은 베드로를 통해 전해 주신 것이다.

유대인과 이방인의 경계를 허무신 것이고 차별이 없는 하나님의 사랑이 온 인류에게 전해지게 되는 것이다. **그 연합은 십자가 사건으로부터 시작된다. 그래서 "하나님은 이스라엘의 하나님뿐만 아니라 이방인의 하나님도 되느니라"라고 말씀하신 것이고,** *"모든 사람을 순종치 아니하는데 가두어두심은 모든 사람에게 긍휼을 베풀려 하심이로다"(행 10:32)*라고 하신 것이다.

우리는 이제 세상 사람들을 미워해서는 안 된다. 하나님이 그들을 사랑하시기 때문이고 모든 인류는 하나님의 자손이기 때문이다.

"하나님이 세상을 이처럼 사랑하사 독생자를 주셨으니 이는 저를 믿는 자마다 멸망치 않고 영생을 얻게 하려 하심이니라"(요 3:16) 세상 권세를 쥐고 있는 사탄이 증오의 대상일 뿐, 세상 사람들은 사랑의 대상이다.

하나님은 모든 인류를 사랑하셔서 어린 양의 혼인 잔치에 참여하게 하기 위하여 초청장을 보내셨으나 그리스도를 구주로 영접하는 자들만 택함을 받게 하는 법을 정해 놓으시고, 그 법의 혜택을 모두가 받을 수 있는 기회도 함께 주신 것이다. *"청함을 받은 자는 많되 택함을 입은 자는 적으니라"(마 22:14)* 하나님은 참으로 공평한 은혜를 베푸시는 분이다. 하나님은 온 인류를 사랑하신다.

세상과 교회

“네가 모든 육축과 들의 모든 짐승보다 더욱 저주를 받아 배로 다니고 종신토록 흙을 먹을지니라”
(창 3:14)

성도들의 구원은 세상 사탄의 권세로부터의 구원이다.

구원

세상	교회
육체를 위하는 세상	심령의 세계
물질의 세계	영적 세계
사탄이 왕	예수 그리스도가 왕
사람들(이방의 땅)	성도들(이면적 유대인의 땅)
어두움	빛
진노의 자녀	약속의 자녀
사망	생명(거듭남)

세상

유대인의 왕 예수.

“대저 표면적 유대인이 유대인이 아니요 표면적 육신의 할례가 할례가 아니라
오직 이면적 유대인이 유대인이며 할례는 마음에 할지니”
(롬 2:28-29)

사탄은 세상 권세 잡은 자

✝

세상은 사탄이 권세를 쥐고 있다는 말은 누구나 알고 있다. 그리고 사탄은 공중 권세 잡은 자라는 에베소서 2장 2절의 말씀은 매우 익숙한, 사탄에 대한 표현의 말씀이다. 그러나 저자는 사탄이 세상을 지배하고 있다는 증거의 성구로 두어 가지를 제시하고자 한다.

첫 번째 증거는 이것이다. 하나님이 먹지 말라는 선악과를 먹게 한 뱀, 곧 사탄에게 하나님은 저주의 말씀을 하시는데, "너는 종신토록 흙을 먹을지니라"라고 말씀하셨다. 뱀은 흙을 먹지 않는다. **이 말씀은 사람을 지배하게 될 것이라는 말씀이다. 흙으로 만든 사람을 지배하는 것이 흙을 먹는 것이다.** 그것이 왜 저주냐고 할 것이다. 사탄은 본래 천사였는데 타락하여 하나님 나라에서 쫓겨난 자이다. 하나님 나라에 다시 돌아가지 못하고 영원히 세상에 있으니 저주가 아니고 무엇인가. 사탄이 사람을 지배하는 것이 세상 권세를 잡은 것이다. 세상 권세를 잡도록 하나님이 허락하셨다.

두 번째 증거를 제시하겠다. 이 세상에 성육신하여 오신 예수님이 사탄에게 시험을 받기 위해서 사십 일을 금식하셨다. 그리고 세 가지 시험 중에 세 번째 시험을 할 때, 사탄이 이런 말을 한다. *"순식간에 천하만국을 보이며 하나님이 내게 넘겨준 것이니(내 맘대로 할 수 있다.) 내게 절하면 이 모든 권세와 영광을 네게 주리라"(눅 4:5-7)* 세상 천하만국을 다스리는 권세를 하나님이 사탄에게 주었다는 증거이다.

사탄의 지배를 받는 사람들은 유혹의 욕심을 따라 육체의 마음이 원하는 것을 하는 존재들이다.*(엡 2:3)* 사람들의 이런 마음은 아담과 하와로부터 물려받은 본성의 마음이다. 사탄이 이런 본성을 계속 부추겨서 세상에서 그 욕심을 채우기 위해 모진 고역을 하며 사탄(육체)의 종으로 살고 있는 것이다. 그 지배에서 벗어나기 위해서는 예수를 구주로 믿고 예수님의 지배를 받아야 한다. 그러면 육체의 탐심도 이기며 사탄과의 싸움에서 승리하게 된다.

이런 과정을 암시하는 성경이 출애굽 당시의 이야기다. 이스라엘 민족이 하나님께 임명을 받은 지도자 모세를 따라 종살이하던 애굽 땅 바로의 품을 떠나 광야로 향할 때, 바로는 절대 놓아주지 않으려고 군사들을 동원하고 함께 따라왔다. 자신이 다스리고 지배하고 종 삼았던 자들을 쉽사리 보내 주려 하지 않은 것이다.

마찬가지로 세상 권세를 쥔 사탄은 사람들의 탐심을 계속 부추겨서 믿음을 갖고 교회로 탈출하는 것을 잡으려 한다. 이런 원리 그대로 사람들은 자신들의 욕심을 채우기 위해 모진 고역을 하며 스스로 육체의, 마음의 종이 되어 살아가고 있다. 스스로 사탄의 종이 되는 것이다. 이 세상은 소망이 없는 캄캄한 어두움이다.*(요 3:19)* 어두운 곳에서는 생명체가 존재할 수 없기 때문에 세상은 죽음이다. 그래서 사람들은 살았다고는 하나 실상은 죽은 자들이라고 한다. 하나님은 이런 탐심이 가득한 자들과 함께할 수가 없어서 그 신이 떠나 영이 죽은 자들이 되게 하셨다.*(마 25:4)*

반면에 교회는 어떤 곳인가. 성도들이 하나님 나라로 가는 과정에 훈련받기 위해 사탄을 피해 도망해서 거처하는 도피성이다. 이 교회에 거처하는 성도들의 왕은 예수 그리스도이시다. 성도들은 거룩한 자들이라는 뜻이다. 원어인 '카도쉬'는 '구별되다'라는 뜻을 담고 있다. 세상 사람들로부터 격리된, 구별된 자들이다. 허물과 죄로 죽었던 사람들 중에서 예수 그리스도를 구주로 영접하고 성령으로 다시 태어나는 거듭난 자들이다. 영이 다시 살아난 존재들이다.

사람의 영이 언제부터 죽었는지는 창세기 6장에 기록되어 있다. 셋의 후손인 하나님의 아들과 가인의 후손인 사람들의 딸들과 혼인하는 것을 보고, 매우 분히 여기시고 사람 지으심을 한탄하사 이제로부터 나의 신이 사람들과 함께하지 않겠다고 하셨다.*(창 6:3)* 그 이유는 그들은 육체이기 때문이라고 말씀하셨는데 하나님이 신이 함께 할 수 없는 존재이기 때문이라는 뜻이다. 사람들과 함께하던 신이 떠남으로 그때부터 영이 죽은 육적인 존재가 되었다. 그 사실을 증명해 주는 말씀이 마태복음에 기록되어 있다.

예수님의 제자 중 한 사람이 죽은 자기 부친을 장사하고 가겠다고 했을 때, 죽은 자는 죽은 자들로 장사하게 하고 너는 나를 좇으라고 예수께서 말씀하셨다. 그러나 하나님은 죽은 영을 버려두시지 않으시고 신약 시대에 다시 살리실 것을 작정하시고, 하나님의 신을 다시 보내 주셔서 그 영을 받고 죽었던 영이 살아나게 하시기 위하여 성령을 보내 주셨다.

구약 성경의 요엘서에 *"나의 신을 만민에게 부어 주리니"(욜 2:28)* 하신 약속을 따라 예수님이 부활 승천하시고 난 뒤에 마가의 다락방에서 기도하는 성도들에게 성령을 부어 주셨다.*(행 2:1-4)* 그 은총의 혜택은 누구나 받을 수 있는 기회는 주어지나, 예수를 구주로 영접하는 자에게만 성령이 임하셔서 영이 다시 살아나는 것이다. 그래서 성도들은 영이 죽은 자들 중에서 성령으로 다시 살아난 영적 존재들이며 하나님은 성도들의 하나님이시다. **그래서 하나님은 죽은 자의 하나님이 아니라 산 자의 하나님이라고 하신 것이다.***(막 12:27)*

이런 성도들의 왕은 예수 그리스도이다. 예수님이 십자가에 돌아가실 때 '유대인의 왕 예수'라는 죄패를 붙였다. 그것은 이스라엘의 진짜 유대인의 왕이라는 뜻이 아니고 이면적 유대인인 성도들의 왕이라는 뜻이다.*(롬 2:28-29)* 예수님은 유다 지파이고 그의 후손 성도들은 이면적 유대인이다.

예수님은 성도들의 왕으로 성도들을 다스리신다. 예수님의 지배를 받는다는 것은 예수님의 말씀을 따라 사는 순종이다. 말씀이 육신이 되어 오신 분의 말씀을 따라 살 때에 사탄을 이기는 능력이 생긴다. 세상 사람으로 살 때의 습성을 버리지 않으면 사탄에게 다시 잡히게 된다. 육체의 탐심을 쫓아 세상 물질의 종으로 육체의 종이 되어 살던 때의 습성을 버리고, 의와 진리의 거룩함으로 다시 지음을 받는 새사람이 되어야 한다. 그것이 참된 성도의 모습이다.

천국에서 하나님과 함께 살게 될 성도들은 사탄의 유혹을 이기지 못한, 하와에게 물려받은 그 탐욕의 마음을 확실히 몰아내야 한다. 그런 모습이 의인된 모습이다. **하나님 나라의 백성은 의인이 아니면 될 수가 없다.** 예수를 믿는 것만으로도 의인으로 인정되지만 실제로 예수님의 마음을 닮아 가야 믿음이 있음을 보여 주는 것이다. 교회 안에 사는 성도들이 세상 사람들과 똑같은 가치관을 가지고 똑같은 모습으로 살고자 한다면, 그 사람은 참으로 천국 백성 되기가 어려울 것이다. **세상 사람들에게 있어 삶의 목표는 돈이지만 성도들에게 돈은 삶의 수단이고, 목적은 의의 행실이다.** 그것이 유대인의 왕이신 그리스도의 지배를 받는 참모습이다. 그런 자만이 천국 백성으로 인정받게 된다. 교회는 천국 백성이 되기 위해 훈련받는 장소이다.

세상 사람들은 영이 죽은 자들이라 살았다 하나 실상은 죽은 자들이다.*(마 25:41)* 그러나 성도들은 그 죽었던 자들 중에서 다시 살아난 존재들이다.

이 세상에 사는 존재들은 사회 시스템 때문에 돈을 무시하고 살 수는 없다. 성도들도 예외가 될 수는 없다. 살았다 하는 이유 하나만으로, 내 목숨 부지하기 위해서 그리고 내 가족과 함께 살기 위해서 많은 비용이 필요한 시대이므로 물질을 배제한 삶을 생각조차 할 수 없다. 그래서 삶의 비용을 충당하기 위해 열심히 돈벌이에 나서도 쉽게 채워지지가 않는다.

그래도 심신이 고달프다고 그 물질로 인해 삶의 가치를 평가하고, 슬퍼하거나 좌절하거나 낙심해서는 안 된다. 그것이 성도의 참 모습이다. 비록 물질은 풍족하지 않더라도 하나님 백성이 될 수 있는 길로 인도하시는 단 하나의 희망, 예수 그리스도로 인하여 기뻐하고 소망하며 사는 존재가 되어야 한다. **세상에서는 가난한 자이나 천국을 소유하는 부유한 자이기 때문이다.**

예수 그리스도(왕) 교회	성도들: 거룩한 자들, 구별된 자들, 영이 살아난 자들(거듭남), 신의 성품을 닮는 자들, 의의 행실, 의로운 자들, 천국 백성, 부자들(천국 소유), 강한 자들, 승리자들

들을 귀 있는 자는 들으라!

"많은 선지자와 임금이 너희 보는 바를 보고자 하였으나 보지 못하였고 너희 듣는 바를 듣고자 하였으되 듣지 못하였느니라"
(눅 10:24)

"미리 정하신 그들을 또한 부르시고 의롭다 하시고 영화롭게 하셨느니라"
(롬 8:30)

이 예정론은 개개인의 예정이 아니고 넓은 의미의 예정이다.
예수를 구주로 영접하는 자들만 구원하시기로 미리 정하시고,
그 길로 오라고 부르시고, 의롭다 하시고, 영화롭게 하셨으며
예수를 믿는 자들이 많게 될 것을 미리 아신 것이다.

구약 성경의 목적은 예수 그리스도의 십자가 사역을 감추어서 전하는 비밀의 메시지다.

"하나님이여 보시옵소서 두루마리 책에 나를 가리켜 기록한 것과 같이 하나님의 뜻을 행하러 왔나이다"
(히 10:7)

"이 뜻을 좇아 예수 그리스도의 몸을 단번에 드리심으로 말미암아 우리가 거룩함을 얻었노라"
(히 10:10)

"내가 너희와 함께 있을 때에 너희에게 말한바 곧 모세의 율법과 선지자의 글과 시편에 나를 가리켜 기록된 모든 것이 이루어져야 하리라 한 말이 이것이라"
(눅 24:44)

"하나님의 비밀인 그리스도를 깨닫게 하려 함이라"
(골 2:2)

"그 때에 내가 말하기를 내가 왔나이다 나를 가리켜 기록한 것이 두루마리 책에 있나이다"
(시 40:7)

너희에게는 허락되었으나

예수께서는 마가복음 4장 1절 이하에서 씨뿌리는 자의 비유를 말씀하시고(1~8)

9 또 이르시되 들을 귀 있는 자는 들으라(눅 8:8-10)고 말씀하셨다.

10 예수께서 홀로 계실 때에 함께한 사람들이 열두 제자로 더불어 그 비유들을 묻자오니

11 이르시되 하나님 나라의 비밀을 너희에게는 주었으나 외인에게는 모든 것을 비유로 하나니

12 이는 저희로 보기는 보아도 알지 못하며 듣기는 들어도 깨닫지 못하게 하여 이는 저희로 보기는 보아도 알지 못하며 듣기는 들어도 깨닫지 못하게 하여 돌이켜 죄 사함을 얻지 못하게 하려 함이니라 하시고(사 6:9)

예수님은 제자들에게 너희가 들을 귀가 있으면 잘 들어 보라고 하시면서 이사야서의 예언의 말씀을 인용해서 천국을 이야기하신다. 누구나 귀가 있어도 말귀가 밝은 사람은 무슨 말인지 빨리 이해하고 말귀가 어두운 사람은 도무지 이해를 하지 못할 것이다. 예수님을 따르는 제자들과 무리들에게 당신이 누구이며 하나님 나라는 어떻게, 누가 소유하는가를 비유로 말씀하시면서 **너희는 이 이야기를 이해할 수 있지만 구원을 받지 못할 자들은 도저히 무슨 말을 하는지 알지 못한다고** 말씀하셨다. 구약 성경의 사건 속에는 하나님 나라의 메시지를 숨겨서 전했기 때문에 그 당시 **이스라엘 민족 당사자들은 듣기는 들어도 깨닫지 못하여 보기는 보아도 알지 못했다**고 말씀하였다.

또 예수님 당시에는 비유로 말씀하셔서 마음이 완악한 자들은 깨닫지 못하도록 모든 성경이 기록되었다는 것이다. 그 이유는 제한적 구원을 위해서이다. 만일에 구약 성경을 누구나 쉽게 이해할 수 있게 기록했다면 이스라엘 민족이 먼저 성경을 받았으니 그들만 더 많이 구원을 받았을 것이다. 그러면 하나님은 편애하는 하나님이 되시는 것이다. 이방인은 구원의 기회가 줄어들기 때문이다. 그러므로 성경을 받은 그들이 알지 못하게 하고 예수께서 그 성경대로 오셔서 목적을 성취하시고 난 뒤에는 그 예수를 보고 예수님의 말씀을 듣고 깨달아 알게 하신 것이다. **그러나 지금도 여전히 구약 성경을 볼 때 겉으로 나타난 사건의 이야기를 사실 그대로만 보고 그것을 전하는 것이 목적이라고 믿는다면 보기는 보아도 보지 못하며 듣기는 들어도 깨닫지 못하는 귀머거리에 해당되는 것이다.**

그래도 다행인 것은 메시아 예수 그리스도에 대한 자세한 기록이 있는 신약 성경이 존재하기 때문에 구약 성경에 숨겨진 이야기를 몰라도 아무 상관없이 예수를 믿을 수가 있다. 하지만 예수님의 비유의 이야기가 매우 어렵게 들리고 이해가 되지 않아 믿지 못하는 자들은 구원의 반열에 서지 못하게 된다. 그러므로 **구약 성경이 그**

리스도를 숨겨서 전한 것이나, 예수님이 비유로 말씀하신 것은 유대 민족이든 이방 민족이든 깨달아 알고 믿는 자들만 구원하기 위한 목적이 있는 것이다.

지금까지 앞에서 누누이 설명하고 강조한 이야기이지만 구약 성경은 예수 그리스도의 탄생과 그의 사역으로 인한 구원의 방법과 대상을 숨겨서 전한 비밀의 계시라는 이야기가 되는 것이다. 그 사실을 증명해 주는 성경 몇 구절을 소개하겠다.

"이에 내가 말하기를 하나님이여 보시옵소서 두루마리 책에 나를 가리켜 기록한 것과 같이 하나님의 뜻을 행하러 왔나이다 하시니라"(히 10:7)

"내가 왔나이다 나를 가리켜 기록한 것이 두루마리 책에 있나이다"(시 40:7)

본문의 두루마리 책은 구약 성경을 말하는 것이다. 다윗이 하늘에서 들려온 예수님의 말씀을 듣고 기록한 것을 히브리서 기자가 인용한 말씀으로, 구약 성경에 예수 그리스도에 대해 기록한대로 행하러 왔다고 기록하고 있다. 그리고 그 뜻을 좇아 이천 년 전에 오셔서 십자가의 제사를 드림으로 성도들이 그 혜택으로 거룩함을 입었다고 기록하고 있다.*(히 10:10)*

"그러나 우리가 온전한 자들 중에서 지혜를 말하노니 이는 이 세상의 지혜가 아니요 또 이 세상의 없어질 관원의 지혜도 아니요 오직 비밀 한 가운데 있는 하나님의 지혜를 말하는 것이니 우리의 영광을 위하사 만세 전에 미리 정하신 것이라"(고전 2:6-7)

"사람이 마땅히 우리를 그리스도의 일꾼이요 하나님의 비밀을 맡은 자로 여길지어다 그리고 맡은 자들에게 구할 것은 충성이니라"(고전 4:1-2)

바울이 고린도 교회 교인들에게 하고 있는 예수 그리스도와 천국에 대한 이야기는 만세 전에 곧 태초의 말씀을 기록한 구약 성경에 그리고 은밀하게 숨겨서 전한 하나님의 섭리를 말하는 것이며 그리스도인들은 그 비밀의 말씀의 주역들이라는 말씀이다.

"나의 복음과 예수 그리스도를 전파함은 영세 전부터 감추었다가 이제는 나타나신바 되었으며"(롬 16:25-26)

바울 사도가 로마에 있는 교인들에게 전하는 말씀과 예수에 대한 이야기는 영세 전부터 감추어 전해 내려온 바가 실천된 이야기를 전하는 것이라는 뜻이다.

"내가 너희와 함께 있을 때에 너희에게 말한바 곧 모세의 율법과 선지자의 글과 시편에 나를 가리켜 기록된 모든 것이 이루어져야 하리라 한 말이 이것이라"(눅 24:44)

예수님이 십자가에 달려 죽으셨다가 장사되어 삼 일 만에 부활하셔서 엠마오로 가는 두 제자 앞에 나타났을 때, 제자들은 예수님인지 알지 못했다. 예수님은 당신이 다시 살아나셨다는 것을 알리시고 확인시키고서는 당신이 죽었다가 살아난 일에 대해 설명해 주셨다. 내가 죽었다가 살아난 것은 모세의 글과 선지자의 글과 시편에서 전한 나에 대한 이야기가 실제로 이루어진 것이라고 제자들에게 말씀하셨다.

그리고 성경을 풀어서 증명해 주시니 그들이 마음이 뜨거워져 알게 되었다고 기록하고 있다.*(눅 24:27)* 여기서 성경은 구약 성경을 가리키는 말이다. 당시에는 신약 성경이 기록되지 않았기 때문이다. 그들은 구약 성경 풀이를 듣는 순간 마음이 뜨거워진 것이다. 예수님 사건과 딱 맞아떨어지는 깨달음에 벅찬 감동의 마음일 것이다. 이와 같이 **구약 성경 속에 숨겨진 예수님의 이야기는 그 누구도 쉽게 알지 못하도록 감추어 전한 것이다. 여러분은 모세의 율법을 읽으면서 예수님이 숨겨져 있는 것을 미리 알았는가?**

여호와께서 가라사대 가서 이 백성에게 이르기를 너희가 듣기는 들어도 깨닫지 못할 것이요 보기는 보아도 알지 못하리라 하여(사 6:9)(마 13:14; 출 24:33; 롬 11:8; 고후 3:13)

이스라엘 민족들이 깨닫지 못하게 한 이유가 이스라엘만 구원을 받지 못하게 하기 위한 목적이 있는 것이다. 예수께서 그 성경의 계시대로 오셔서 대업을 마치실 때까지 알지 못하게 하신 것이며, 또 하나는 사탄이 눈치를 채지 못하게 하기 위한 방법일 수도 있다.

성경을 수십 독을 했어도, 아무리 성경 구절을 많이 외우고 있어도 이런 성경의 비밀을 모른다면 아는 것이 아는 것이 아니며 보는 것이 보는 것이 아니다. 자기의 생각과 인본주의 지식과 사고방식으로 성경을 오해하고, 그 오해한 지식으로 성도들을 가르치고, 또 인도를 받아 살게 되니 소경이 소경을 인도하는 것이요 귀머거리가 귀머거리에게 전하고 듣는 것이다.

돌이켜 고침을 받을까 하노라 하신 말씀 속에 들어가는 외인에

속하는 자들이다. 우리는 **구약 성경의 계시를 따라 오셔서 성취하신 일을 믿는 성도들이다.** 이 성도들은 예수님의 비유의 말씀을 얼마든지 깨달아 알 수 있는 들을 귀가 있다. **많은 선지자들은 자신들이 전하는 이야기의 뜻을 알고자 하여도 도저히 알지 못했지만, 우리 성도들에게는 허락되었기 때문이다.***(눅 10:24)*

그러므로 성경 전체에서 전하는 예수 그리스도의 사역과 그로 인한 구원과 천국에 대한 비밀을 아는 성도들은 예수님의 가르치심과 분부를 따라 성경이 세상에서의 복된 생활을 위하여 쓴 글이라고 오해해서는 안 된다. 그래야만 분별력이 생기고 헛되이 세월을 낭비하지 않고 현명한 인생을 살게 될 것이다.

우리는 성경을 인본주의적 상식과 지식과 사고방식으로 이해하려 한다. 나의 관점에서 성경을 이해하려 한다는 것이다. 성경은 하나님의 입장과 편에서 보아야 이해가 쉬워진다. **많은 사람들이 오해하기 쉬운 성경 구절 하나를 소개하고자 한다.**

"하나님이 미리 아신 자들로 또한 그 아들의 형상을 본받게 하기 위하여 미리 정하셨으니 이는 그로 많은 형제 중에서 맏아들이 되게 하려 하심이니라 또 미리 정하신 그들을 또한 부르시고 부르신 그들을 또한 의롭다 하시고 의롭다 하신 그들을 또한 영화롭게 하셨느니라"(롬 8:29)

우리는 이 본문의 말씀을 신학 용어로 **예정론**이라고 말한다. **많은 논쟁을 하는 말씀 중에 하나이다.** 이 말씀은 인본주의 시각으로 보면, 하나님이 나를 미리 아셨고 구원하기로 미리 예정하셨다고 이해하면서, 그럼 구원받을 자가 미리 정해져 있는데 전도를 왜 하는 가라고 말을 한다.

위 본문의 말씀을 좁은 의미로 보지 말고 넓은 의미로 보면서 하나님의 입장에서 보면 조금 다르게 이해가 될 것이다. 성경 전체의 조직 신학을 바탕으로 이해하면 풀리게 된다. 하나님은 이방 민족이든 이스라엘 민족이든 관계없이 그들 중에서 **예수 그리스도를 구주로 영접하는 자들만 구원하시기로 미리 예정**하셨고, 그 뜻대로 예수를 구주로 믿는 길로 오라고 **부르시고, 의롭다 하시고, 영화롭게 하신다**는 말씀이다.

예수 그리스도를 믿는 성도들이 많게 될 것을 미리 아시고 성경을 통해 부르신 것이다. 미리 아신 자들은 내가 아니라 하나님의 예정하신 뜻에 부합된 성도들이다. 개개인의 예정을 말하는 것이 아니라 인류 전체를 대상으로 하는 넓은 의미의 예정이다. 성도들은 그리스도의 형상을 본받게 하도록 이미 오래전에 정해 놓으신 것이다.

> "너희가 성경에서 영생을 얻는 줄 생각하고 성경을 상고하거니와 이 성경이 곧 내게 대하여 증거하는 것이로다"
> (요 5:39)

예수님의 수제자, 베드로

"내가 너희로 사람을 낚는 어부가 되게 하리라"
(마 4:19)

"너는 베드로라 내가 이 반석 위에 내 교회를 세우리니 음부의 권세가 이기지 못하리라"
(마 16:18)

"내 양을 먹이라 내 양을 치라 내 양을 먹이라"
(요 21:15-17)

짝	
모세(예표)	베드로(실체)
구약	신약
하나님 좌정하사	예수님이 좌정하사
시내산에서	하틴산에서
모세에게	베드로에게
계명과 율법	팔계명(팔복)과 수훈
열두 지파 자손의 법	열두 제자와 성도의 법
이스라엘 인도자	성도들의 인도자
가나안 땅 목전까지	천국의 목전까지
양을 먹이는 자(백성)	양을 먹이는 자(성도)

베드로는 모세의 실체로서 모세와 비슷한 인생 여정을 보냈다.

모세는 이스라엘의 지도자 성부 하나님의 일꾼,
베드로는 성도들의 지도자 성자 하나님 곧 예수님의 수제자이자 일꾼.

모세는 하나님으로부터 이스라엘의 계명과 율법을 받았고,
베드로는 예수님으로부터 성도들의 새 계명과 새 법을 받았다.

모세는 하나님의 양 무리인 이스라엘을 먹인(인도한) 분,
베드로는 예수님의 양 무리인 성도들을 먹인(인도한) 분.

베드로는 모세의 실체

†

베드로는 구약 성경의 모세가 예표한 실체의 인물이다. 모세가 하나님의 명령을 따라 이스라엘 민족을 애굽 바로의 압제로부터 구원하고 가나안 땅으로 인도하는 지도자의 역할을 감당한 것처럼, 베드로도 예수님의 명을 따라 성도들을 하나님 나라로 인도하는 새 이스라엘의 지도자였다.

그러므로 모세는 예수님의 예표이면서 베드로의 예표이기도 하다. 그리고 베드로는 모세의 실체이다. 모세의 생활 속에는 베드로의 활동이 모두 계시되어 있다. 모세가 하나님의 부르심을 받고 이스라엘의 지도자가 된 것처럼, 베드로 사도 역시 예수님의 부르심을 받고 새 이스라엘인 성도들의 지도자가 되었다.

모세가 하나님께 구속되어 사역을 한 것처럼 베드로 역시 예수님께 구속되어 자기 생업을 포기하고 성도들을 인도하는 사역을 했다. 예수님은 갈릴리 해변을 다니시다가 베드로와 안드레가 바다에 그물을 던지는 것을 보시고 "나를 따라오너라 내가 너희를 사람을 낚는 어부가 되게 하리라"라고 말씀하셨다.*(마 4:18-19)* 베드로는 그물을 버리고 예수님을 따랐고 그때부터 베드로는 예수님과 함께 하나님의 구원 사역의 일꾼으로 사는 삶이 시작되었다.

또 예수께서 베드로를 구원 사역의 일꾼으로 선택할 때 어획의 이적을 행하셨다.*(눅 5:1-11)* 예수께서는 베드로의 배에 올라 무리들에게 가르치시고 나서 깊은 데로 가서 그물을 내려 고기를 잡으라고 하셨다. 그 말씀을 따랐더니 그물이 찢어지도록 고기가 많이 잡혔다. 무리들은 몹시 놀라 그 사건 이후 예수님 앞에 엎드려 주님이라 불렀고, 예수님을 따라오라는 명령에 응하여 배를 버려두고 따랐다.

히브리 민족(이스라엘)의 구원을 위하여 하나님이 모세를 이스라엘의 지도자로 세우실 때 모세가 자신이 지도자직을 수행할 수 있을까 하는 두려움을 토로했을 때, 모세에게 하나님은 당신의 능력을 보여 주셨다.*(출 4:3-9)* 지팡이가 뱀이 되게 하고 손에 문둥병이 생겼다 낫게 하고 하수가 피가 되게 하는 이적을 행하시는 하나님의 능력을 믿고 지도자직을 형제 아론과 함께 수락하였다.*(출 4:13)* 마찬가지로 예수께서 베드로 앞에 행하신 어획의 이적은 하나님이 모세에게 하나님의 능력을 보여 주신 일과 같은 목적으로 행하신 것으로, 인류를 구원하는 큰 능력이 있으심을 보여 주신 것이다.

모세와 아론 두 형제에게 이스라엘 민족을 구원하는 일을 맡기신 것과 같이 베드로와 안드레 두 형제를 세우시고 "이제로부터 사람을 낚는 어부가 되게 하리라"라고 말씀하신 것이다. 성도들을 사탄의 압제로부터 구원하는 인도자로 세우신 것이다. 구약 성경의 예표의 사건이 성취된 것이다. 그 예표를 따라 베드로는 모세처럼 새 이스라엘인 성도들의 지도자가 된 것이다. 그리고 예수님은 베드로에게 몇 가지 예언을 더 하셨다. 예수께서 베드로에게 너희는 나를 누구라고 부르냐고 물었을 때 베드로는 예수님의 능력을 체험한 뒤라 "주는 그리스도시요 살아 계신 하나님의 아들이나이다"라고 예수님의 능력을 인정했다.

예수님은 그의 믿음을 확인하시고 "너는 베드로라 **내가 이 반석 위에 교회를 세우리니** 음부의 권세가 이기지 못하리라"라고 하셨으니 이것은 두 번째 예언이다.

그리고 예수께서는 베드로에게 *"네게 이르노니 닭 울기 전에 네가 세 번 나를 부인하리라"(요 13:38)*라고 예언하셨다. 이 예언대로 베드로는 예수님을 잡으러 오는 군병들이 너도 한패라고 했을 때 두려운 나머지 자신도 모르게 "내가 그 사람을 알지 못하노라" 하고 세 번이나 부인했다.*(마 26:69-74)* 이 사건은 모세가 바로의 권세 앞에 두려움 때문에 하나님의 능력을 믿지 못하고 지도자직을 **사양했던 일의 성취를 위해** 행해진 사건이다. 베드로는 세상 권력 앞에 두려움을 나타내며 예수님의 능력을 잊고 성도들의 지도자가 될 것을 자신도 모르는 사이에 **사양하는 모습이다.**

또 예수께서 베드로에게 네가 나를 사랑하느냐고 세 번 질문했을 때 베드로는 예수님을 사랑한다고 고백했다. "내가 주를 사랑하는지 당신도 알지 않습니까"라고 대답하자, 그제야 **주님은 "내 양을 먹이라, 내 양을 치라"라고 명령하셨다. 성도들을 많은 무리로 양성하라는 명령을 내리신 것이다.***(요 21:15-18)* 그 명령을 따라 베드로는 오순절 날 마가의 다락방에 성령이 임했을 때 성령이 충만하여 예수님에 대해, 하나님 나라에 대해 그리고 성경에 대해 설교를 시작했고 그 결과 삼천 명의 성도가 탄생하는 역사가 일어났다.*(행 2:14-41)* 이것은 초대 교회 탄생의 사건이다. 내가 네 반석 위에 교회를 세우리라 하신 예수님의 예언의 말씀이 이루어진 것이고 내 양을 치라는 말씀에 순종한 것이다.

주님의 말씀으로 양들을 먹인 것이고 그리고 많은 떼를 모았으니 양을 친 것이다.

베드로는 초대 교회를 세우고 양들을 먹이며 그 양들을 하나님 나라로 인도하면서 자신은 주님이 주신 성령의 능력으로 일을 하고 있다는 것을 병 고치는 능력으로 증명해 보이기도 했다.*(행 3:1-10)* 이것 역시 모세가 이스라엘 민족을 가나안 땅으로 인도하는 도중에 많은 이적을 행한 일과 같은 사건이다.

모세의 여러 이적 중에 반석에서 물을 내는 사건이 있다.*(출 17:6)* 그것은 이 시대의 예수님으로부터 나오는 말씀으로 성도들이 살게 될 것을 예고한 계시의 사건이다. **베드로의 설교는 모세가 반석에서 물을 낸 사건의 성취이다. 베드로의 반석에서 물을 낸 것이다. 그 물은 성도들의 생명수이며 곧 말씀이다.**

또 예수께서는 베드로에게 다음과 같은 말씀을 하셨다. *"내가 진실로 진실로 네게 이르노니 젊어서는 네가 스스로 띠 띠고 원하는 곳으로 다녔거니와 늙어서는 네 팔을 벌리리니 남이 네게 띠 띠우고 원치 아니하는 곳으로 데려가리라"(요 21:18)* 베드로는 예수님의 예언대로 자신의 의지와는 상관없이 천사의 명령으로 유대인들이 절대로 상대를 하지 않던 이방인의 고장인 가이사랴 지방의 고넬료의 가족과 친척을 비롯한 많은 이방인들에게도 설교를 하고 성령이 임하게 하여 성도들의 수가 점점 더 많아지게 했다. 여러 번 옥에 갇히기도 하며 그는 자신의 삶을 살지 못하고 주님의 예언대로 구속의 삶을 살다가 로마에서 십자가형을 받아 생을 마감했다.

모세가 자신의 의지와 생각대로 살지 못하고 하나님께 구속되어 하나님의 계획대로 살다가 죽은 것과 같은 모습의 삶이었다. 베드로와 제자들은 자신들이 원하는 삶을 살지 못했지만 예수님의 예언처럼 예수님과 함께 하늘 보좌에 앉아 이스라엘의 열두 지파를 심판하는 일을 담당하게 될 것이다.

구약 시대의 열두 지파의 장은 새 예루살렘 성문에 이름이 새겨질 것이고 이십사 장로 중의 십이 장로이며 그의 후손들 중에서는 하나님의 인을 맞아 십사만 사천이 하나님 백성이 될 것이다.*(계 7:3-8, 21:12)* 십사만 사천은 상징적인 숫자이다.

또 신약 시대의 열두 사도는 새 예루살렘 성의 기초석에 이름이 기록될 것이며 그 새 예루살렘 성은 이 열두 사도의 선교에 의해 건축된 성도들이 살게 될 성이다. 이 시대의 교회는 열두 사도(제자)의 활동 기초의 기초석에 세워지고 예수께서 머릿돌이 되시는 것이다.

참으로 베드로는 예수님의 계획과 예언대로 살았으며 구약 성경을 응하게 한 인물이다.

Ⅱ부
바른 신앙

"너희 착한 행실을 보고 하늘에 계신 너희 아버지께 영광을 돌리게 하라"
(마 5:16)

빛과 소금

저자는 2부의 글에서 예배나 기도를 부정하는 것이 절대 아니다. 빗나간 교회의 모습이나 신앙의 모습을 지적하고 예수 그리스도의 뜻에 부합한 교회나 신앙생활을 유도하는 마음에서 쓴 글이다.
한 번뿐인 인생을 잘못된 신앙생활로 평생 헛다리 짚고 착각 속에서 살다가 마감하면 그 인생이 얼마나 허무한가? 믿는 사람들이 진정으로 잘 살고 행복했으면 좋겠다.

우리의 신앙은 예수 그리스도의 성품을 닮아 가는 것이며 그 성품은 세상의 빛과 소금이 되는 것이다.

하나님이 기뻐하는 금식

"나의 기뻐하는 금식은 흉악의 결박을 풀어 주며 멍에의 줄을 끌러주며 압제당하는 자를 자유케 하며 모든 멍에를 꺾는 것이 아니겠느냐
또 주린 자에게 네 식물을 나눠 주며 유리하는 빈민을 네 집에 들이며 벗은 자를 보면 입히며 또 네 골육을 피하여 스스로 숨지 아니하는 것이 아니겠느냐"
(사 58:6-7)

"그리하면 네 빛이 아침 같이 비췰 것이며 네 치료가 급속할 것이며 네 의가 네 앞에 행하고 여호와의 영광이 네 뒤에 호위하리니
네가 부를 때에는 나 여호와가 응답하겠고 네가 부르짖을 때에는 말하기를 내가 여기 있다 하리라"
(사 58:8-9)

"만군의 여호와가 말하노라 사월의 금식과 오월의 금식과 칠월의 금식과 시월의 금식이 변하여 유다 족속에게 기쁨과 즐거움과 희락의 절기가 되리니 오직 너희는 진실과 화평을 사랑할지니라"
(슥 8:19)

금식에 대한 오해

금식은 하나님 앞에 자신을 낮추며 속죄의 수단으로 행하는 의식으로 일상의 음식 섭취를 금하는 행위이다. 모세의 율법에 정해진 금식은 일 년에 한 차례씩 속죄일에 행해졌으며 "칠월 십일은 속죄일이니 너희에게 성회라 너희는 스스로 괴롭게 하며 여호와께 화제를 드리고 이 날에는 아무 일도 하지 말 것은 너희를 위하여 너희 하나님 여호와 앞에 속죄할 속죄일이 됨이라"라고 기록하고 있다. 스스로를 괴롭게 하라는 말이 금식을 하라는 의미이다.*(레 23:27)* 구약 성경의 대표적인 금식의 사례 중 하나는 다윗의 금식이다. 아멜렉 사람이 사울의 요청에 따라 사울과 요나단과 백성들을 죽였다는 소식을 듣고 슬피 울며 금식했다.*(삼하 1:12)*

다니엘의 금식도 있다. 다니엘은 바벨론의 포로로 끌려간 뒤에 다리오왕의 꿈을 해석해 주고 총리가 되었는데, 늘 고향 땅을 그리워하고 백성을 위하여 기도하며 이십일 일 동안 금식하고 하나님의 영광과 이상을 보았다.*(단 10:2)* 그리고 신약 성경에는 예수님이 시험을 받으시기 위해 사십 일 동안 금식하시기도 했다.*(마 4:1)* 유대인들은 율법을 따라 속죄를 위하여 금식을 행해야 했는데 그들의 금식은 매우 형식적이고 외식으로 변질되었다. 일부러 슬픈 기색을

띠며 얼굴을 흉하게 하고 금식하는 모습을 예수께서 보시며 "너희는 너희 상을 이미 받았느니라"라고 책망하셨다.*(마 6:16)* 그렇다면 현재 우리 기독교인들이 하고 있는 금식은 유대인들의 금식보다 더 나을까?

유대인들은 형식적으로 했다면 우리는 절박한 현실을 벗어나기 위한 수단으로 하나님께 도우심을 간절히 요청하는 마음으로 한다. 이런 금식을 뭐라고 나무랄 수는 없다. 오히려 동정심이 생기고 돕고 싶은 마음까지 들긴 하지만, 자신들의 탐욕을 채우기 위해서, 더 높아지기 위해서, 더 부자가 되기 위해서, 명성을 얻기 위해서 하는 경우도 매우 많이 있다는 데에 문제가 있다. 이런 경우의 금식은 바른 금식이 아니다. 그리고 내가 행하는 금식은 어디에 해당하는가 생각을 해 볼 필요가 있다.

우리는 금식에 대한 방법과 결과에 대해서 이렇게 배웠다. 예수께서 하신 말씀대로 머리에 기름을 바르고 얼굴을 씻고*(마 6:17)* 최대한 금식을 하는 티를 내지 않고 해야 바른 금식이며 응답을 받을 수 있다고 배웠다. 머리에 기름을 바르지 않더라도 최대한 금식하는 티를 내지 않아야 옳은 금식이다. 그런데 그렇게 금식하면 내 마음의 탐욕을 채워 준다는 결과에 대한 교육은 매우 잘못된 것이다. 금식은 속죄를 위하여 하는 것인데 탐욕을 채우려는 수단으로 변질된 것이다.

그것은 이사야서 58장의 말씀을 엉터리로 해석해서 교육한 결과이다. 오늘날 목사님들은 이렇게 교육한다. **금식을 하며 부르짖으면 멍에의 줄이 끌러져서 고통당하는 문제에서 해방되며 압제로부터 자유케 되며 흉악한 결박이 끌러지는 은혜를 받는다**고 가르치고 있다. 절박한 생활고의 문제를 해결받기 위해 하나님께 대한 간절한 믿음은 나무랄 데 없는 올바른 태도이다. 그러나 이사야서 58장의 내용을 잘못 이해하고 잘못 가르쳤다는 것을 지적하고 싶다.

조금만 더 연장해서 읽어 보면 전혀 내용이 달라지는데 자기의 주관적 생각을 관철시키기 위한 마음 때문에 오해를 했거나, 알면서도 마음대로 적용한 것이며 그런 주장의 설교를 생각 없이 모방하여 전하는 분들이 너무 많다. 저자는 집사 시절에 기도원이나 부흥회 때 그런 내용으로 설교하는 목사님들의 설교를 너무 많이 들어서 귀에 딱지가 앉을 정도였다. 그럴 때마다 나는 '아! 저 말씀은 그런 뜻이 아닌데'라는 생각을 하면서도 너무 강력하게 주장하고 외치는 터에 '그런가 보다, 무조건 믿으라는 대로 믿자'라고 애써 외면했다. 그리고 생활고의 멍에의 줄이 끌러지며 압제로부터 자유로워지고 흉악한 결박으로부터 풀어지는 결과를 기대하며 삼 일 금식은 기본이고 일주일, 십오 일, 이십오 일 금식도 했었다.

금식을 통하여 어떤 결과가 나타나든 그것은 하나님의 권한이고 응답의 결과이지만, 나는 이사야서 58장의 말씀을 바로 이해해서 우리가 배웠던 내용이 잘못되었다는 사실을 알리고 싶은 것이다. 수학 능력이 있으신 분들이라면 그런 오류를 범하지 않았을 것인데 참으로 안타까운 일이다. 진실은 바로 이것이다. 이사야 시대의 유대인들은 금식하는 날의 규례를 무시하고 자기들 멋대로 오락하며 약한 자를 압제하고 일을 시키며, 서로 싸우고 다투고 주먹으로 사람을 치며 온갖 못된 행동을 했다. 그래서 하나님은 그런 금식이라면 하지 말고 차라리 다음과 같은 일을 하라고 했다.*(사 58:1-5)*

압제하는 자들을 자유롭게 놓아주고 그들의 멍에를 꺾어 주고 주린 자에게 먹이고 흉악한 결박을 풀어 주며 유리하는 빈민을 네 집에 들이며 벗은 자에게 입히며 네 골육을 돌보는 것이 형식적인 금식보다 낫다는 말씀이다.*(사 58:6-7)* 탐욕으로 가득 찬 형식적인 금식보다는 약한 자들과 불우한 자들을 돕는 것이 금식보다 낫다는 말씀이다.

그렇게 하면 **네 빛이 아침같이 비칠 것이며 네 치료가 급속할 것이며 여호와의 영광이 네 뒤에 호위하리니 네가 부를 때에 나 여호와가 응답하겠고 내가 여기 있다 하리라**는 말씀이다.*(사 58:8-9)* 사람들은 율법에서 정한 규례대로 금식을 온전히 할 수가 없다. 속된 사람들은 금식을 하면서도 속죄보다는 속된 생각과 행동을 하며 자신들의 욕심을 따라 바람만 요구하기 때문이다. 그래서 그 금식의 절기마저도 하나님은 예수 그리스도께서 온전히 지키시도록 명하시고 작정하시고 섭리하셨다. 하나님의 그 작정을 스가랴서에서 예언하고 있다.

"만군의 여호와가 말하노라 사월의 금식과 오월의 금식과 칠월의 금식과 시월의 금식이 변하여 유다 족속에게 기쁨과 즐거움과 희락의 절기가 되리니 오직 너희는 진실과 화평을 사랑할지니라"(슥 8:19) 금식보다는 이제

진실과 화평을 사랑하는 존재들이 되라고 말씀하고 있다.

구약 시대의 율법에 정한 금식의 절기가 변하여 신약 시대에는 이면적 유대인인 성도들의 기쁨과 즐거움과 희락의 절기가 될 것이라고 예언하고 있는 것이다. 즐거움과 희락의 절기가 된다는 것은 예수께서 율법의 금식이 규례대로 **인류의 죄를 속하려고** 십자가상에서 몰약을 탄 포도주*(막 15:23)*까지도 받지 않으시고, **세상 음식을 온전히 끊으신 채 스스로 육신을 고통스럽게 유지하시며 진정한 금식을 하시고 죽으심으로** 이제는 그 덕으로 더 이상의 금식을 하지 않아도 속죄의 길이 열렸고, 하늘의 안식을 얻는 영광의 길도 열리니 즐거움과 화평과 희락의 절기로 바뀌게 되는 것이다.

레위기서에 보면 칠월 십 일 속죄일에 모두 괴롭게 하면 정결케 하리라고 기록되어 있다.*(레 16:29-31)* 속죄일에 금식하면 죄를 사하사 정결케 하리라는 말씀이다. 그날이 너희의 안식일이 되리라고 말씀하고 있다. 본토인이나 객이나 모두 일을 하지 말고 쉬라고 하셨다.*(레 6:29)* 그 율법의 규례대로 예수께서 십자가상에서 온전한 금식을 이루셨다. 유대인의 금식으로는 아무도 속죄 받을 수가 없었지만 예수님의 금식으로 모든 자가 속죄 받을 수 있는 길이 열렸고 그 금식의 절기는 예수 그리스도를 믿는 성도들만 정결케 되어 하나님 백성이 되고, 기쁨과 즐거움과 희락에 참여하는 절기가 될 것이다. 예수 그리스도는 안식일의 주인이시다. 금식의 날이 변하여 안식일이 된 것이다.

이 시대의 성도들의 신앙생활은 이미 율법을 초월하고 있다. 너무나도 많은 면에서 율법을 범하고 있는데 굳이 율법에 있는 금식을 통해 하나님으로부터 문제 해결을 받으려는 발상이 성경에 어긋나는 것이 아닌가 하는 생각이 든다. 왜냐하면 야고보는 율법을 지키다 하나만 범해도 율법을 범하는 것이라고 말씀하셨기 때문이다.*(약 2:10)* 우리는 율법을 통해 어떠한 문제도 해결받을 수가 없다. 곰곰이 생각해 보자. 하나님은 진정으로 우리에게 지금도 율법의 금식을 원하실까.

율법의 금식	**예수님의 금식**
음식을 금하므로	음식과 몰약을 탄 포도주까지도 금하시고
스스로 괴롭게 하고	스스로 고통을 최고조로 담당
본토인이나 객이나 아무 일도 하지 말라	유대인이나 이방인이나 모두에게 안식을 주기 위해
속죄하면	그들의 죄를 속하려고 죽으사
정결케 하리라	모두가 정결케 되는 길이 열려
못 지켰음	기쁨과 즐거움과 희락의 절기로 변화

자유케 하는 진리

"이제는 우리가 얽매였던 것에 대하여 죽었으므로 율법에서 벗어났으니 이러므로 우리가 영의 새로운 것으로 섬길 것이요 의문의 묵은 것으로 아니할지니라"
(롬 7:6)

믿음의 사람으로서 완벽해지려고 신앙 의식으로 스스로 자신을 옭아매는 것은
예수님이 찾아 준 자유를 포기하는 행위이며 율법주의로 돌아가는 것이다.

율법을 잘 지키는 완벽한 사람이 있을 것 같으면 예수님의 희생도 필요하지가 않았을 것이다.
인간은 연약하며 그 연약함을 돕기 위해 성령도 오시는데….

이스라엘 민족이 허물 많고 연약하여 율법을 지키지 못하므로 예수께서 십자가상에서 대신 지켜 주셨는데
나는 이스라엘 민족보다 완벽할 수 있다?

사람은 자신의 행위로 아무도 의로워질 수가 없다.*(롬 3:20)*
흠이 없는 분은 예수님뿐이고 그분이 인류를 위해
의로워질 수 있는 율법의 규례를 다 지키셨으니
그분을 구주로 믿는 믿음으로만 의로워질 수 있다.
의인이 되는 것이라기보다 의인이라 여김을 받는 것이다.
그것은 이신칭의이다.

얽매였던 율법에서 벗어났으니

✝

"예수께서 자기를 믿은 유대인들에게 이르시되 너희가 내 말에 거하면 참 내 제자가 되고
진리를 알지니 진리가 너희를 자유케 하리라"
(요 8:31-32)

예수님의 이 말씀은 주님의 말씀 안에 거하면 진리 곧 참된 이치를 깨닫고 그 진리로 인해 자유를 얻게 된다는 말씀이다. 진리를 몰라서 자유를 얻지 못한다는 뜻도 된다. 그런데 주님을 믿고 말씀 안에 거하고 제자가 되었다는 성도들의 삶을 들여다보면 참으로 안타깝기 그지없다. 신앙생활이 오히려 자신들을 족쇄 채워 고달픈 생활을 자초하는 모습을 보면서 참으로 진리를 알지 못해서 자유 또한 포기하고 고달픈 멍에를 멘 채 살아가고 있구나, 라고 느낄 때가 많다. 저자도 한때는 그런 신앙생활을 했었다.

자신들이 추구하는 욕망을 하나님으로부터 받아 내고야 말겠다는 일념 하나로 예수님 시대인 지금의 신약 시대에는 더 이상 필요 없는 신종 율법을 만들어서 그것을 지킴으로 하나님께 인정받아 보상으로 문제를 해결받으려 한다. 그런 생활을 하는 동안 문제가 해결

되고 승승장구 발전의 발전을 거듭하면 얼마나 좋겠냐마는 저자가 보기에는 그런 신앙생활을 하는 사람일수록 사회로부터 격리되어 점점 더 나빠지는 생활을 하는 경우가 많았다.

평생 높은 기대감만 갖고 살다가 생을 마감하는 경우가 대부분이다. 그도 그럴 것이 다른 사람들은 잘되기 위해서 많은 시간을 들여서 노력하며 일하는데, 날마다 교회가 정해 놓은 규칙과 규범인 신종 율법을 따라 의식을 치르느라 시간과 마음을 다 빼앗겨서 언제 경제 활동을 열심히 하겠으며, 노력 없는 활동이 과연 그 사람에게 좋은 결과를 주겠느냐는 말이다.

그래서 그런 사람들은 성과가 기대에 못 미쳐서 날마다 얼굴이 어둡고 피곤하고 혼돈 속에서 찡그리고 있고 불만족과 갈급함 때문에 마음은 늘 피곤하고 평강이 없는 생활을 자초하며 점점 더 징징대는 생활을 반복한다. 이런 사람도 성도라고는 하지만 자신의 욕구 충족을 위하여 하나님을 종처럼 부리려는 태도로 밖에 볼 수 없으며 성도답지 못하고 철부지와 같은 모습으로 살아가고 있는 것이다.

또 하나님이 원치도 않는 의식을 날마다 치르며 그 생활이 최선이라 여기고 지키느라 시간이 부족하니, 당연히 부모 형제는 물론이고 이웃과 친척간의 교제도 단절되고 스스로 외롭게 숨 막히는 생활을 하고 있는 것이며 그 사람은 더불어 사는 사회에서 얻어지는 기회나 도움을 받지 못하고 자신 혼자만의 힘으로 매우 어려운 생활을 하게 됨이 당연지사다.

자신의 의무나 도리를 다하며 더불어 살려는 노력보다는 내 신앙

생활만 잘하면 하나님께 인정받아 하나님이 복을 주셔서 성공한 삶을 살 수 있다는 그릇된 믿음만으로 살다 보면 자신의 주변 사람들로부터 미움받고 배척을 받게 되어 스스로 헤어 나오지 못하는 고립의 수렁으로 들어가게 된다. 그런데 문제는 목사님들이 성도들에게 이런 생활을 권하고, 강요하고 있다는 것이다. 저자는 세상 사람들과 적당히 타협하며 어정쩡한 신앙생활을 하라는 것이 아니라 모든 사람으로 더불어 평화하려는 노력을 해야 한다는 것을 분명히 밝히고 싶다. 그 평화가 어차피 쉽지는 않지만 그렇다고 스스로 고립을 자초하는 것은 우매자의 길을 가는 것이다.

율법주의에 빠진 목사님들은 자신들이 만든 규칙이나 규범인 신종 율법의 의식을 열심히 치르면 하나님이 어여삐 여겨 자신들의 바람대로 욕구와 욕망을 성취시켜 주실 것이라고 믿으며, 성도들에게도 숨 막히게 족쇄 채우는 신앙생활을 강요하고 있다. 성도들이 곤경에 처해 있을 때는 당신을 위해 기도한다는 말 외에는 아무것도 하지 못하는 분들이 **문제의 근원을 찾아서 해결될 수 있도록 노력하며 기도하라고 하는 것이 아니라 무조건 하나님께 열정을 다하며, 매달리며 의식을 치르도록 강요하고 있는 것이다.** 또한 그러면 욕구가 해결된다고 말하고 있다.

그 성도들의 인생을 책임질 것도 아니면서 지나친 자신감과 독선으로 성도들의 삶을 좌지우지하고 있다. 예수님은 자신의 욕망을 충족시키기 위해 의식만 형식적으로 치르는 모습의 신앙을 가리켜 외식하는 신앙이라고 하셨다. 그리고 그런 신앙을 가진 유대인들과 바리새인들을 늘 책망하셨다.

예수께서 이 세상에 오셔서 육체의 종으로 고달픈 인생을 사는 사람의 죄를 대신하여 죽으심으로 우리에게 자유를 누릴 수 있게 해 주셨는데도 불구하고, 많은 사람들이 여전히 육체의 종이 되어 스스로 육체의 욕망을 채우기 위한 믿음을 벗어나지 못한 채 자유를 포기하는 신앙생활을 하고 있다. 욕망을 채우려는 믿음은 스스로 사탄의 종으로 돌아가려는 믿음이며, 그 욕망이 채워지길 바라는 믿음의 의식으로 행하는 신앙생활은 하나님이 원치도 않는 길을 가느라 스스로를 족쇄 채우는 행위들이다.

또, 이런 믿음들도 있다. 사고를 당하거나 가정에 힘든 일이 생기거나 하는 일이 잘 안되면 '내가 하나님께 뭔가를 잘못했나 보다', '내 정성이 부족했나 보다. 그래서 하나님이 나를 내치셨나 보다', '아니면 나를 시험하시나 보다. 더 좋은 것을 주기 위해 시험하시나 보다'라고 생각하며 역시 자신을 옭아매고 족쇄 채워 신종 율법을 따라 숨 막힐 정도로 신앙 의식에 열심을 다하는 분들이 있다.

하나님이 매일매일 나에게 요구하는 삶이 있는데 그것을 알아차리지 못했다고 그때마다 벌을 주신다면, 과연 살아남을 사람이 몇이나 있을까? 인간은 불완전한 존재이기 때문에 하나님 마음을 매일매일 읽을 수가 없다. 나의 느낌이 하나님이 주시는 느낌이라고 착각하지 말라. **우리가 어떻게 살기를 원하시는지에 대하여 하나님은 이미 신약 성경 전체에 기록하셨고, 나의 삶을 주관하시는 분이기 때문에 당신의 사람이라면 당신이 원하는 방향으로 삶을 인도하**

실 것이다. 전지전능하신 하나님이 아니시던가.

그래서 현재의 내가 살고 있는 모습 자체가 하나님의 작정대로 사는 모습이라고 생각해 볼 수도 있는 것이다. 그리고 하나님은 아무도 시험하지 않으신다고 분명히 말씀하셨다.*(약 1:13)* 우리가 하는 일이 잘 안되는 것은 자신의 노력과 능력 부족이고, 곤경에 처하거나 삶이 꼬여 고통당하는 것은 자기 욕심에 끌려 미혹되었기 때문이라고 분명히 말씀하셨다. 자신에게 처한 모든 결과는 자신의 탓이라는 것이다.

진리를 알지니 진리가 너희를 자유케 하리라 하신 말씀의 진리는 이것이다. 성경 전체의 말씀이 진리이지만 우리를 자유케 하는 진리는 이것이다. **"내가 곧 길이요 진리요 생명이다"**라고 하신 예수님의 말씀에 대한 설명이기도 하다. 수없이 여러 번 설명한 내용이다.

이스라엘 민족에게 하나님이 지켜 준행하라고 주신 율법을 그들은 지키려고 애를 썼지만 온전히 지킬 수 있는 능력도 없을뿐더러 땅에 있는 제물들은 모두 불완전한 것들이기 때문에 율법의 규례를 따라 지켜야 하는 절기와 제사를 온전히 드릴 수가 없었다. 율법을 지켜야 죄 사함이 있는데 율법을 도저히 온전히 지킬 수가 없어서 죄 사함을 받을 길이 없었으니 그들에게는 율법을 대신 지켜 줄 메시아가 필요했던 것이다.

그 요구를 따라 하나님께서 부응하사 율법의 규례를 따라 예수 그리스도를 보내어 절기와 제사를 완벽하게 십자가상에서 드리심으로 이스라엘 민족의 구세주가 되셨고, 그들은 얽매였던 율법으로부터 자유를 얻었다. **예수께서 십자가상에서 죽으신 것이 율법을 대신 지키신 것이라는 사실을 아는 것이 바로 진리를 아는 것이고 더 이상 율법을 지키려고 애를 쓰지 않아도 되니 얽매였던 것에서 자유를 얻은 것이다.** 그런 진리를 알면 더 이상 율법을 지키려고 노력하지 않아도 되니 얼마나 자유롭겠는가. 진리가 자유케 한 것이다.

우리의 신앙은 진리와 자유이다. 이스라엘 민족에게 해당되는 이야기라고 생각하는가? 그건 아니다. 예수 그리스도의 십자가 사역의 혜택은 그분을 영접하고 구주로 믿는 자들 모두에게 주어지는 것으로써 이스라엘이든 이방 민족이든 모두에게 주어지는 은혜다.

예수께서 대신 율법을 지켜 주셨기 때문에 구주 예수가 되는 것이다. 그럼에도 불구하고 성경에 기록되어 있지도 않은 신종 율법을 스스로 만들고 그것을 지켜서 내가 잘될 수 있다는 믿음으로, 숨막히게 꽉 짜인 순서를 따라 의식을 치르고 지키려고 애쓰는 것은 스스로 자유를 포기하고 자신을 압제하는 것이다. 유대인이나 이방인이나 모두가 이제는 자유하는 여자의 자손, 예수 그리스도의 후손이 되어 그분께서 주시는 말씀으로 평강 가운데 거하는 자들이다. 세상이 주는 것과는 비교도 할 수 없는 평강을 소유하는 자유자들이다. 그래서 로마서에서는 이렇게 말씀하고 있다.

> "이제는 우리가 얽매였던 것에 대하여 죽었으므로 율법에서 벗어났으니 영의 새로운 것으로 섬길 것이요 의문의 묵은 것으로 아니할지니라"
> (롬 7:6)

진리를 알면 자유로워진다. 진리를 모르기 때문에 자신들의 생각과 느낌을 따라 하나님을 섬기느라 고달프게 사는 것이다. 신앙생활을 하느라 늘 하나님께 공포심과 죄의식, 그리고 부족한 정성의 부담감으로 그 마음이 편하지 않다면 잘못된 자기 방식의 믿음이다. **계속적으로 하나님의 징벌을 두려워하고 불안, 초조, 근심, 걱정으로 살면 예수님이 우리에게 무슨 유익이 되는가. 지금은 예수 그리스도께서 치리하는 신약 시대이지 구약 시대가 아니다.** 그렇다고 태만한 신앙생활을 권하는 말로 듣지 말라. 생활의 질고는 예수님께 맡기고 우리는 예수님 말씀의 가르침을 따라 참되고 바른 모습으로 사랑을 실천하면서 감사와 기쁨으로 살다 보면, 예수님이 재림하시는 날에 자신이 일하던 처소에서 들림 받아 하나님 나라로 가게 될 것이다.*(눅 17:35)*

광적인 신앙을 가진 사람들은 그 마음에 자신들의 욕구를 채우기 위한 수단으로 신앙생활을 하지만 하나님이 원치도 않으시는 것이고, 결과도 정반대로 나타난다는 사실을 기억하고, 세월을 낭비하지 말고 사는 동안에 그리스도의 평강 가운데서 행복한 삶을 살았으면 좋겠다. 이런 모습의 신앙은 성경을 인본주의 사고방식으로 이해해서 세상 복받은 비결의 책이라고 철석같이 믿는 믿음에서 온 신앙의 모습이다. 잘못된 이론이고, 현실과는 다른 착각의 주장과 신앙생활이다.

※ 무식하면 용감하고 선무당이 사람 잡는다는 우리의 옛말이 머릿속을 맴돈다.

※ 나는 기복을 위한 믿음이 누구보다 우월한데 아내나 남편을 외롭게 하고 화나게 해서 깨어진 가정을 여럿 보았다. 가정의 평화를 위해 노력해야 하는 의무는 외면하고 자신의 주장만 하고 외골수 행동으로 자신의 믿음이 빛을 바래고 만 것이다. 모두가 상대방의 책임이라고 한다. 그러다 가족 간의 화목을 위한 노력을 하지 않은 결과이다.

시험에 대하여

“사람이 미련함으로 자기 길을 굽게 하고 마음으로 여호와를 원망하느니라”
(잠 19:3)

<table>
<tr><td rowspan="7">사탄이 부추기는 마음</td><td>사람이 당하는 어려움(시험)</td><td rowspan="7">사탄의 종이 되는 마음</td></tr>
<tr><td>많은 근심 때문에</td></tr>
<tr><td>과도한 정과 욕심 때문(약 1:14)</td></tr>
<tr><td>부하려고 하는 마음 때문(딤전 6:9)</td></tr>
<tr><td>미련한 마음 때문(잠언 19:3)</td></tr>
<tr><td>믿음에서 떠난 마음(딤전 6:10)</td></tr>
<tr><td>유혹의 욕심 때문(엡 4:22)</td></tr>
</table>

성도들은 정과 욕심을 십자가에 못 박은 자들이다.

하나님은 아무도 시험치 않으신다

어려운 일을 당하거나 생활고로 인해 곤경에 처하게 되면 하나님이 나를 달아보신다고 생각하는 경우가 많다. 목회자들은 자신들의 그런 생각을 성도들에게 계속 주입시킨다. 더 좋은 것을 주시기 위해 시험하시는 것이라고 하며 아브라함의 경우를 예로 들어 강조한다. 아브라함이 백 세에 얻은 아들 이삭을 하나님께서 모리아산 번제물로 드리라고 하셨을 때, 아브라함은 귀한 아들임에도 불평 한마디 없이 순종한 결과 하나님의 시험을 통과했으며 그 상으로 축복을 받았다고 한다. 물론 그 시험을 이겨 내고 통과했기 때문에 하나님의 약속을 이어 간다는 말씀도 있다.*(창 22:16-19)*

그런데 그 상황이 사람들의 시각에서는 하나님이 단순히 시험하신 것이고 그 결과 복의 약속을 보장받은 것으로 보이지만, 신약 성경과 비교해 보면 그 사건은 **예수 그리스도의 사역에 대한 계시를 하는 것이 목적이라는 것을 알 수가 있다.** 번제물로 바쳐진 이삭은 십자가의 번제물로 바쳐진 예수 그리스도의 예표이다. 이삭이 아버지 아브라함에게 한마디 질문도, 불평도 하지 않고 순종한 것은 예수 그리스도께서 십자가의 번제물로 바쳐질 때 하나님 아버지께 불평도, 원망도 하지 않으시고 드려지는 순종의 모습을 암시한 사건이다. 번제물로 드려지는 이삭은 예수 그리스도이며 드리는 아브라함은 그리스도를 번제물로 내어주는 하나님을 상징한다.

하나님은 당신의 아들을 십자가의 번제물로 희생시키셨다. 그 일이 있을 것을 계시하기 위한 사건인 것이다. 그 증거가 이삭을 드리려고 칼로 이삭을 잡으려고 할 때, 하나님의 사자가 멈추라고 하며 수풀에 뿔이 걸린 숫양을 드리도록 하셨다는 점이다.*(창 22:13)* 그러니까, 아브라함을 시험하려고 이삭을 드리라고 한 것이 아니냐고 의문을 품겠지만, 예수 그리스도의 십자가 사역을 암시하기 위한 것이다. 이삭을 죽이면 하나님이 아브라함 때까지 이어 온 구원 사역을 전하는 역사에 차질이 생길 수밖에 없기 때문에 당연히 멈추게 하신 것이다. 암양이 아니고 숫양이 수풀에 걸리게 하여 이삭 대신 드리게 하신 것은 예수님이 남자라는 점에서 예수 그리스도의 사역에 대한 계시가 분명한 것이다.

어쨌든 아브라함은 복을 받지 않았느냐고 생각할지도 모른다. 그는 분명히 복을 받았지만 그것은 하나님이 이미 작정하셨던 것을 주신 것에 불과하며 아브라함이 원한 복의 내용들이 아니라는 것을 알아야 한다. 그런데 사람들은 어떠한가? 하나님의 말씀에 순종하며 시험을 이겨 내면 내가 바라는 것을 주실 것이라고 말을 하지 않는가? 이 사건은 애당초 아브라함이 불순종할 수도 없는 일이고, 이삭을 죽일 수도 없는 일이었다. 예수 그리스도의 십자가 사역을 계시하기 위해 만들어진 사건이며 하나님의 섭리이기 때문이다.

누누이 하는 말이지만 아브라함의 후손들만 자손의 복, 땅의 복을 받았을까? 하나님의 선민이 아니었던 이방 민족은 땅이 없고 자손이 번성하지 않았는가? 이스라엘 민족이 이방 민족과 다른 점은 하나님의 백성이라는 칭호를 받은 것뿐이다.

그런데 그것마저도 예수 그리스도의 십자가 사건 이후에는 무효가 되었다는 사실을 알아야 한다. 그리고 그들이나 이방이나 똑같은 이방의 신분이 되고 예수 그리스도를 구주로 영접하는 자들만 하나님의 백성으로 다시 선택하는 것이다. 그러므로 아브라함과 후손들이 선택되고 자손이 번성하는 복과 땅의 복을 받은 것은 하나님이 예수 그리스도의 사역을 전달하는 일꾼으로 쓰시는 동안 필요한 조건이기 때문에 주신 것이며, 그것마저도 예수 그리스도와 성도들의 번성과 천국의 입성을 암시한 것이다.

이스라엘 민족이 살아온 생애는 예수 그리스도와 성도들이 천국 가는 모습을 암시하는 생애였으며 하나님의 구원 사역을 전달하는 일꾼이었다. 그래서 계시록에서는 그들을 하나님의 종(일꾼)이라고 기록하고 있는 것이다.*(계 7:3)* **성도들에게 하나님은 구약 시대처럼 통과해야 할 시험을 주지 않으신다는 사실을 알아야 한다.** 음성으로 구체적으로 말씀하시는 것도 없고, 내가 겪는 어려움이 하나님의 시험이라는 증거가 없기 때문이다. 자신들의 짐작만 있을 뿐이다. 이 시대는 하나님이 직접 임재하는 구약 시대가 아니다. 구약 시대의 모든 사건은 신약 시대 곧 예수님 시대에 일어날 일을 암시하기 위한 것이었고 그 암시한 것이 예수님 시대에 성취되었으니 이제는 구약 시대의 룰을 따를 필요가 없는 것이다.

구약 시대가 신약 시대를 암시했고 그 암시가 성취된 신약 시대

가 열렸으니 신약 시대의 룰을 따르면 하나님 말씀에 순종하는 것이다. 이 시대는 신약 성경의 말씀대로 살면 그것으로 하나님의 진노를 살 걱정이 없는 것이다. 그 증거가 야고보서에 있다.

> "시험을 참는 자는 복이 있도다 이것에 옳다 인정하심을 받은 후에 주께서 자기를 사랑하는 자들에게 약속하신 생명의 면류관을 얻을 것임이니라"
> (약 1:12)

위 본문의 말씀에서 말하는 시험은 믿음 생활하는 동안에 겪는 어려움, 고충을 가리킨다. **믿음을 지키는 동안에 닥치는 핍박이나 곤고함, 환난 등을 잘 견디면 생명의 면류관을 주신다는 말씀이다.** 우리는 다음의 말씀에 주목해야 한다.

> "사람이 시험을 받을 때에 내가 하나님께 시험을 받는다 하지 말지니 하나님은 악에게 시험을 받지도 아니하시고 친히 아무도 시험하지 아니하시느니라
> 오직 각 사람이 시험을 받는 것은 자기 욕심에 끌려 미혹됨이니"
> (약 1:13-14)

살면서 우리에게 닥치는 어려움은 대부분 우리가 지나치게 욕심을 부려 생긴 부작용이지 하나님이 주시는 시험이 아니라는 말씀이다. 그렇지 않아 보이는 사건 사고들을 당하는 경우도 많지만, 그것마저도 곰곰이 생각해 보면 나의 욕심이 원인이 되는 경우가 대부

분이다. 욕심이 잉태하여 죄를 낳는다.

> "사람이 미련하므로 자기 길을 굽게 하고 마음으로 여호와를 원망하느니라"
> (잠 19:3)

> "부하려 하는 자들은 시험과 올무와 여러 가지 어리석고 해로운 정욕에 떨어지나니 곧 사람으로 침륜과 멸망에 빠지게 하는 것이라 돈을 사랑함이 일만 악의 뿌리가 되나니 이것을 사모하는 자들이 미혹을 받아 믿음에서 떠나 많은 근심으로써 자기를 찔렀도다"
> (딤전 6:9-10)

사람들이 얼마나 세상 욕에 집착하고 성경을 보는가 한 가지 예를 들어 보자.

> "또 내 이름을 위하여 집이나 형제나 자매나 부모나 자식이나 전토를 버린 자마다 여러 배를 받고 또 영생을 상속하리라"
> (마 19:29)

이 말씀은 부흥회 때, 아니 축복 대성회 때마다 단골로 사용되는 성경 구절이다. 예수를 믿기 위해서 부모 형제가 걸림돌이 되면 과감하게 버리고 믿음 생활에 열심을 다하면 전토 땅을 많이 받는 축복의 주인공이 된다고, 예수 믿고 복받으라고 목소리 높여 외쳐 댄다. 그러나 이 말씀은 그런 뜻이 아니다. 아는 사람은 알고 있겠지만, 이 말씀은 영적 의미를 담고 있는 말씀이다. 부모 형제를 떠나라는 말도 아니며 집을 떠나라는 말도 아니다. 네 부모를 공경하라, 네 골육을 피하지 말라고 하신 하나님이 그런 뜻으로 말씀하셨을까?

예수를 구주로 영접하고 살면 너희 혈육인 부모 형제가 있는 집이 있는 것처럼 교회 안에서도 새로운 영적 부모, 형제, 자식과 전토가 아주 많아질 것이라는 말씀이다. **교회 안에서 성도들은 예수 그리스도의 혈통으로 다시 태어난 존재들로서 모두가 하나님 나라(집)에서 함께 살게 될 가족이 되는 것이다.** 그리고 **받는 전토는 하나님 나라의 땅이며** 성도들이 믿음 생활하는 동안 거주하는 교회도 되는 것이다. 더 나아가 전도해야 할 세상 사람들의 영역이 내가 일할 전토가 되지 않겠는가?

나는 예수를 믿고 부모, 형제, 자매, 자식들은 예수를 믿지 않으면 나만 천국 가고 자동적으로 혈육은 버려지는 것이다. 여러분은 기존의 가족을 버리고 새로운 부모 자식을 받는다면 그것을 복이라고 생각하는가? 이 대목은 쏙 빼고 전토를 여러 배로 받아 부동산 부자 되는 것만 꿈꾼다. 그럼에도 불구하고 이 말씀은 아직도 세상 복받는 말씀으로밖에 보이지 않는다면 그 사람은 믿는다고는 하나, 하나님 백성이 되기 어려운 사람이며 알곡 속에 섞인 가라지라고 말할 수 있다.

아직도 성경이 시험을 이겨 내면 세상 물질의 복을 받는다는 말씀으로 보이는가? 꽤나 살만한 사람들이 더 부자 되게 해 달라고 간구한다고 들어주신다고 생각하지 말라. 열악한 환경과 조건을 가진 불우한 사람은 하루하루를 견디는 것이 숙제인데, 그들을 도우시는 것이 우선이 아니겠는가? 하나님은 주린 자, 벗은 자, 갈한 자, 유리하는 자를 불쌍히 여기신다. 저자는 29세 때에 집사 직분을 받았다. 그 이유는 고향집 안방에서 감리교를 조모께서 개척하셨기 때문이다. 그리고 작은 교회를 건축하는데 봉사로, 물질로 헌신한 가정이다. 그런데 나의 삶은 매우 고달프고 파란만장한 세월이었고, 육십 중반에서야 조금 숨 돌릴 정도의 물질적 여유를 겨우 느끼며 살고 있다.

하나님의 요구대로 살지 않아서 그렇다고? 농촌 출신이 도시에서 잘할 수 있는 일이 없었기 때문에 직장이나 직업의 선택이 어려웠고, 능력이 부족하고 노력이 부족해서 어렵게 산 것인데 하나님의 뜻대로 살지 못해서 벌 받은 것이라 한다.

그러나 나는 신비주의적 기복주의 신앙에서 벗어난 뒤부터 열심히 노력하는 생활을 하게 됐고, 그때부터 생활은 나아지게 되었다. 객지에 나와서 교회에서 차량 봉사도 하고, 인생의 기적을 바라며 금식 기도도 많이 했으나 좀처럼 기적은 일어나지 않았다. 바울 사도가 몸의 가시가 치료되길 바라며 하나님께 기도했을 때 "내 은혜가 네게 족하도다" 하는 말씀에 은혜를 받고 신비주의적 기복주의를 떨쳐 버리고 신약 성경의 말씀대로 성실하게 살면서 직업을 찾아 나서고 열심히 최선을 다해야 한다는 깨달음을 얻었다.

하나님이 내게 모든 능력을 주셨으니 그 능력을 열심히 발휘하면 좋은 결과가 있게 된다는 진리를 얻었다. 신약 성경의 말씀주의 신앙으로 변했다.

현명한 성도

"부지런한 자의 손은 사람을 다스리게 되어도 게으른 자는 부림을 받느니라"
(잠 12:24)

"땅은 너로 인하여 저주를 받고 너는 종신토록 수고하여야 그 소산을 먹으리라"
(창 3:17)

신앙생활을 하면서 하나님의 도우심을 믿고
평생 동안 간절히 기도한 축복의 내용들이 성취되길 원한다면
끊임없는 연구와 노력을 해야 한다.
그렇지 않으면 평생의 바람으로 끝이 나고 만다.
지식을 바탕으로 한 지혜 있는 자가 꿈을 이룬다.
하나님은 그런 자를 도우신다. 야곱의 경우를 생각해 보라.

구하고, 찾고, 두드리라

"너희가 악한 자라도 좋은 것으로 자식에게 줄줄 알거든 하물며 하늘에 계신 너희 아버지께서 구하는 자에게 좋은 것으로 주시지 않겠느냐"
(마 7:11)

"너희가 악할지라도 좋은 것을 자식에게 줄줄 알거든 하물며 너희 천부께서 구하는 자에게 성령을 주시지 않겠느냐 하시니라"
(눅 11:13)

"그러므로 내가 너희에게 이르노니 목숨을 위하여 무엇을 먹을까 무엇을 마실까 몸을 위하여 무엇을 입을까 염려하지 말라 목숨이 음식보다 중하지 아니하며 몸이 의복보다 중하지 아니하냐"
(마 6:25)

"이는 다 이방인들이 구하는 것이라 너희 천부께서 이 모든 것이 너희에게 있어야 할 줄을 아시느니라"
(마 6:32)

"너희는 먼저 그의 나라와 그의 의를 구하라 그리하면 이 모든 것을 너희에게 더하시리라"
(마 6:33)

구하고 찾고 두드림의 목적은 성령이다

살면서 자신의 꿈을 이룬다는 것은 쉬운 일이 아니다. 그 꿈을 성취하기 위해서는 피나는 노력이 필요하다. 그리고 더 이상 내 힘으로 어찌할 수 없는 면이 있기 때문에 하나님께 도움을 요청하는 기도를 해야 할 것이다. 그런데 많은 기독교인들은 이런 삶의 법칙을 무시하고 성경을 오해하여 잘못된 일상생활을 하고 있다. 그래서 그릇된 부분을 지적하고 잘못되었다고 생각하는 이유를 증명해 보이려 한다.

모든 교회에서 마태복음 7장 7절의 구하고, 찾고, 두드리라는 말씀을 붙잡고 자신이 소망하는 것을 이루기 위해 애를 쓰지만 믿음처럼 얼마나 성취되었는가를 생각해 볼 필요가 있다. 우리 주변을 보면 예수를 믿는 사람들이 지지리도 가난하고 평생토록 가난을 벗어나지 못하는 사람들이 너무나도 많은 것을 볼 수 있다.

믿음이 좋다는 사람들일수록 능동적이고 적극적인 삶을 살려고 노력하기보다는 하나님께 의지만 하는 소극적인 생활을 하는 분들이 많아서 그런 결과로 나타나는 것이다. 그 의타적인 생활 방식으로는 자기가 추구하는 것을 채울 수가 없다는 사실을 알지 못하고 지금도 열심히 물질의 축복을 빌기만 하고 있다. 가난한 것을 비난하는 것이 아니라 생활 태도를 지적하는 것이다. **네가 무엇을 하려느냐?** 하나님께 맡기면 다 이루어 주신다? 이런 주장은 구하고, 찾고, 두드리는 일 중에 구하는 일만 좋아하는 신앙의 모습이 되게 한다.

내가 열심을 다하여 찾고 두드리는 행위는 하나님의 능력을 믿지 못하는 행위로까지 여기는 실정이다. 세상살이를 너무 쉽게 생각하는 어리석은 자들의 주장이며 **그렇게 교육한 목사님들은 그 책임을 져야 할 것이다.** 하나님을 잘 섬기고 충성, 봉사를 많이 하면 하나님이 귀인을 보내 주셔서 하는 일이 잘되게 해 주신다는 말인데 그럴싸하지만 성경에는 그런 주장을 증명해 줄 말씀이 없다.

그와 같은 설교 말씀에 교육된 성도들이 그 방법대로 열심히 살아가는 성도들이 많으나 오히려 가난하여 멸시, 천대받는 일만 있을 뿐 형통하는 일이 없어 답답하고 억울하기도 하고 화가 난다는 분들도 있다.

교회 안에서 충성, 봉사하는 행위가 헛되다는 것이 아니다. 그런 분은 반드시 하나님 나라에서의 상급과 칭찬을 어느 누구보다 더 받게 될 것이다. 그리고 자신의 초라한 모습에 슬퍼하거나 원망하지 않고 행복하다면 그 사람은 올바른 신앙생활을 한 것이며 성공한 삶을 살았다고 말할 수도 있다.

그러나 문제는 그런 신앙생활을 한 성도들 중에는 변하지 않는 자신의 초라한 모습을 보고 불만족하거나 한탄하며 계속적으로 갈급한 마음을 가지고 사는 성도들이 많이 있다는 것이다. 보다 나은 물질적 풍요와 성공한 인생이 되려면 엄청난 노력과 수고가 있지 않으면 안 되는 **세상 삶의 법칙을 따라야** 가능한 일이기 때문이다. 하나님 앞에 빌기만 하지 말고, 빌며 구한 것이 성취될 수 있도록 찾고 두드리는 수고를 게을리해서는 안 된다.

여러분은 자식 중에서 생떼만 부리는 자식이 믿음이 가는가, 말 잘 듣는 자식이 믿음이 가는가? 후자일 것이다. 하나님도 마찬가지 심정일 것이라 생각한다. 우는 자식에게 떡 한 덩어리는 주겠지만 하나님 말씀에 순종하여 묵묵히 열심히 사는 자식이 더 예뻐 더 큰 것을 맡기시고 상을 주시지 않겠는가.

하나님은 인류의 조상 아담에게 너희는 종신토록 수고하여야 그 소산을 먹으리라고 하셨고, 얼굴에 땀이 흘러야 식물을 먹을 것이라고 **인생 삶의 법칙을 말씀하셨다.**(창 3:17) 얼굴에 땀이 흘러야 한다는 말씀은 강도 높은 수고를 의미한다. **그러므로 사람은 수고와 노력을 게을리해서는 원하는 것을 얻을 수가 없다**는 사실을 잊어서는 안 된다.

*"부지런한 자의 손은 사람을 다스리게 되어도 게으른 자는 부림을 받느니라"(잠 12:24), "좀 더 자자, 좀 더 졸자, 손을 모으고 좀 더 눕자 하면 네 빈궁이 강도 같이 오며 네 곤핍이 군사 같이 이르리라"(잠 6:10-11)*라는 말씀이 있다. 하나님께 내가 원하는 것을 구한 다음에는 방법을 찾고 끈질기게 최선을 다해야 한다. **그런 사람들의 생각을 도우시고, 발걸음을 인도하시고 성취될 수 있도록 역사하신다는 사실을 잊어서는 안 된다.** 야곱이 재물을 얻기 위해 어떤 노력을 했는가를 기억

해 보고 찾아보라.*(창 30:1-)*

야곱처럼 야비하게 재산을 모으라는 것이 아니라, 노력하는 태도를 본받으라는 것이다.

하지만 성경에서는 물질을 추구하는 신앙보다는 하나님 나라의 의를 추구하는 삶을 요구하신다. 예수께서는 *"무엇을 먹을까 무엇을 마실까 무엇을 입을까 하지 말라 그이는 다 이방인들이 구하는 것이라"(마 6:31-32)*라고 말씀하셨다. 세상 사람들은 부귀영화를 가져다주는 것이 물질이라는 것으로 알고, 오직 물질이 인생 삶의 목표가 되어 살지만 우리 성도들은 그 물질은 기본적인 삶을 위한 최소한의 수단으로 여기고 살아야 한다는 말씀이다.

그래서 *"너희는 먼저 그의 나라와 그의 의를 구하라 그리하면 이 모든 것을 너희에게 더하시리라"(마 6:33)*라는 말씀을 하신 것이다. 욕심쟁이 목사님들은 이 말씀도 곡해해서 하나님 나라의 의를 먼저 구하면 그 대가로 물질의 복을 더 많이 주실 것이라고 교육하고 있다.

예수께서는 우리에게 하나님 나라의 의를 구하라고 하시고는 구하라 그리하면 너희에게 주실 것이요 찾으라 그리하면 찾을 것이요 문을 두드리라 그러면 너희에게 열릴 것이니 **구하는 자에게 좋은 것을 주시겠다고 말씀하셨다.***(마 7:7-11)* 여기서 또 오해들을 하고 있다. 좋은 것을 주시겠다고 하니까 물질의 축복을 기대하고 "주여, 주여 주시옵소서!" 목청이 터지게 울부짖는다. 이방인들이나 구하는 것이라고, 구하지 말라고 하신 예수께서 또 물질을 위하여 구하고 찾고 두드리라는 의미로 말씀하셨겠는가? 참으로 어리석은 사람들이다. 이 말씀은 **하나님 나라의 의를 이루기 위해서 필요한 것을 구하라는 말씀이다.**

누가복음 11장에 보면 같은 내용의 말씀이 기록되어 있는데 거기에는 분명히 구하고 찾고 두드리는 자에게 **성령을 선물로 주시겠다고** 기록되어 있다.*(눅 11:13)* 좋은 것을 주시겠다고 하신 말씀이 곧 성령을 주시겠다는 말씀이며 그 성령이 하나님 나라와 그의 의를 이룰 수 있도록 도우시는 분이기 때문이다. 성령이 아니면 죽었던 영이 살아날 수도 없고, 하나님 백성이 될 수가 없다.

앞뒤 문맥을 무시하고 다른 복음과 비교를 하지 않고 짧게 잘라서 읽고 이해하려 하고 적용하면 무서운 오해를 하게 된다. 많은 목사님들이 그 말씀을 들고 성도들에게 삶의 최선의 비법인 것처럼 가르쳐왔다. **그 말씀처럼 구하고, 찾고, 두드리는 일을 한쪽에만 치우치지 않고 열심히 살다 보면 분명 좋은 결과를 얻을 수가 있는 것은 사실이지만 성경이 마치 우리에게 세상 물질을 퍼부어 주시겠다는 말씀으로 오해하게 한다.**

예수님은 물질 세상에는 관심이 없으시다. 예수님의 말씀은 염세주의다. 그런 분이 세상 물질을 구하라고, 주신다고 하셨겠는가. 성경이 일관성이 없이 때때로 다르게 말하는 것같이 보이지만 그 뜻을 기복주의 관점에서만 보기 때문에 다르게 말씀하는 것처럼 느껴지는 것이다. 예수께서는 성령을 보내 주시고 그 성령으로 인해 죽은 자들 중에서 성령을 받은 자들만 선택해서 구원하시기 위해 오신 분이다. 그래서 예수님의 말씀 중에 **세상 것을 구하라는 말씀으로 느껴지는 말씀 모두가 성령을 구하라는 말씀이다.**

"내 이름으로 내게 구하면 내가 사행하리라", "무엇이든지 원하는 대로 구하라" 등등의 말씀은 모두 성령을 주시겠다는 말씀이다. **육체는 세상 삶의 법칙에 따라 살아야 하고 영은 하나님 나라의 법을 따라 살아야 한다.** 우리 성도들은 신약 성경의 예수님의 말씀과 제자들의 말씀을 삶의 지침으로 삼고, 하나님 나라의 영광을 위하여 사는 것만이 최선의 삶의 모습이다. 예수님의 말씀과 신약 성경의 말씀을 따라 성실히 살면 하나님의 이름을 높여 드릴 수 있고 전도 효과도 높아질 것이다 그리고 물질을 얻기 위해서는 최선을 다하여 연구, 노력을 해야 좋은 결과를 얻게 된다. 이런 모습으로 사는 성도들이 현명한 성도들이다.

저자는 기복주의를 나쁘다고 말하는 것이 아니다. 저자도 기도할 때 기복을 위한 기도로 일관한다. 다만 성경이 세상 복을 주겠다는 말씀이 아니라는 것과 기복을 추구하는 방법이 기대감만 크고 행동은 소극적으로 잘못되어서 오히려 기대와는 정반대의 현상이 나타나는 것이 안타까울 뿐이다. 분명히 기복을 말하는 성경 구절들이 구약 성경은 말할 것도 없고 신약 성경에도 꽤 많이 있는 것이 사실이다. 그렇다면 성경이 때론 이런 말을 하고, 때론 저런 말을 할까라는 생각은 안 해 보았는가? **일관성이 없으면 변더쟁이이고 변더쟁이가 하는 말은 신빙성이 떨어진다는 것이 당연지사이건만 하물며 성경이 일관성 없는 이야기를 하고 있다고 여겨지는가?**

구약 성경에 기록된 복에 대한 이야기는 세상 복에 대한 이야기가 맞으나 그 복의 내용 속에는 성도들이 받게 될 영적 복이 숨겨져 있고, 그것을 전하는 것이 목적이다. 그러나 신약 성경에는 세상 복에 대한 이야기가 전혀 없으며 모두 하나님 나라의 복을 이야기하는 것이다.

"돈을 사랑함이 일만 악의 뿌리가 되나니"
"돈은 있는 것으로 족한 줄을 알라"
"부자가 천국 가는 것이 낙타가 바늘귀로 들어가는 것보다 어렵다"
"재물과 하나님을 겸하여 섬길 수 없다"

이와 같은 말씀들은 무시해도 되는 것인가? 일관성이 없으면 어느 논리도 가치가 없다. 따라서 우리가 생각하는 신약 성경에 나타난 기복의 문구처럼 보이는 성경 구절들은 **앞뒤의 설명이 생략되어 있고, 자세한 설명이 없기 때문에 오해할 수밖에 없는 것일 뿐** 때때로 다른 말을 하는 것이 아니라는 것을 알아야 한다.

세상을 사는 동안에 물질을 배척할 수는 없다. 사는 동안에 사회구조와 제도를 따라 살기 위해서는 많은 물질이 필요하기 때문이다. 열심히 살아도 필요한 물질을 얻지 못하는 사람들이 너무나도 많으니 당연히 하나님께 도움의 기도를 할 수밖에 없다. 만유의 주재이신 하나님께 나의 안녕을 기원하는 것이 신앙인의 마땅한 권리이고 기본자세이나 **물질을 얻는 방법만큼은 하나님께 도움을 청하면서 세상 삶의 법칙을 따라야 한다는 것이 나의 주장이고 성경의**

요구라고 생각한다.

믿음의 사람들 중에는 활동적이고 적극적으로 취하려고 노력하는 자가 앉아서 게으르게 구하기만 하는 자보다 더 빨리, 많은 것을 얻게 된다는 사실은 성도들을 관찰해 본 결과 얻어진 결론이다.

※ 예수께서 원하시는 물질관은 이것이다.

지나친 물욕과 넘치는 물질로 행복을 얻으려는 마음을 배척하고 그 욕구를 낮춤으로써 찾아오는 가벼운 마음의 평안으로 행복을 구하라는 교훈을 우리에게 남기고 있다는 것을 알아야 한다. 이것을 깨닫지 못한다면 참으로 곤란한 일이다.*(눅 12:15)*

"내 이름으로 무엇이든지 내게 구하면 내가 시행하리라"
(요 14:14)

위 말씀의 '무엇이든지'라는 말을, 사람들은 '내가 원하는 무엇이든지'로 받아들인다. 그런데 그 무엇이든지는 예수님의 능력을 강조하는 단어일 뿐 내가 원하는 것 아무거나 다 주시겠다는 말씀이 아니다. 16절에 곧바로 성령을 말씀하시는 것을 보아 성령을 구하라는 말씀인 것이다. 예수님은 무엇이든지 할 수 있는 분이라서 너희들이 상상할 수 없는 일도 할 수 있는 분이라는 뜻으로 하신 말씀이다. 우리가 상상도 하지 못하고 듣도 보도 못했던 희한한 일, 곧 성령이 임할 것이니 성령 받기를 위해 구하고, 찾고, 두드리라고 말씀하신 것이다. 15장의 끝도 성령으로 끝맺는 것을 보면 성령을 구하라고 말씀하신 것을 또 한 번 알 수 있다.

그리고 16장에서는 성령이 하는 일을 말씀하고 있다. 십자가에 죽으셨다 부활하신 뒤에도 제자들에게 성령을 받으라고 말씀하셨다.*(요 20:22)*

가르쳐 지켜 행하게 하라

"영혼 없는 몸이 죽은것같이 행함이 없는 믿음은 죽은 것이니라"
(약 2:26)

가르쳐야 할 것은 예수님의 분부의 말씀과 제자들의 말씀이다.

"가난한 사람을 학대하는 자는 그를 지으신 이를 멸시하는 자요 궁핍한 사람을 불쌍히 여기는 자는 주를 존경하는 자니라"
(잠 14:31)

〈천국의 계단〉

1	영접의 단계	예수 그리스도를 구주로 믿음(요 3:16)
2	거듭남의 단계	물과 성령으로(요 3:5)
3	성화의 단계	신의 성품에 참여(벧후 1:4)
4	영화의 단계	좁은 문

행해야 하는 새 계명은 사랑

성도라 부르는 신앙인들 중에는 주변 사람들 사이에 마땅히 지키고 행해야 하는 도리나 의무는 소홀히 하며 단절하고 신앙생활만 열심히 하면 하나님이 자신의 생활을 책임져 주셔서 만사형통 승승장구 출세의 길을 갈 수 있다고 믿는 믿음의 소유자들이 많다. 그리고 그런 믿음이 큰 믿음, 바른 믿음이라고 공식적으로 평가하고 신앙생활의 정도로 삼는다.

나의 믿음을 지키기 위해서는 부득불 단절된 생활을 하거나 마찰은 어쩔 수 없지만, 가능하면 가족이나 주변인들과 좋은 관계를 가지려고 노력은 해야 한다. 왜냐하면 사람들은 자신들의 생활 관습이나 관례, 상식으로 믿는 사람들을 평가하고 판단하기 때문이다. 즉 신앙인들의 입장을 알지 못하기 때문이다.

성도들의 입장을 알 수도 없고 자신들의 기준으로 보기 때문에 마땅히 평가 절하되고 배척과 미움의 대상이 될 수밖에 없다. 기독교는 도덕적인 종교가 아니라고 하면서 성령 충만하여 신앙생활만 열심히 하면 세상사도 잘될 것이고 최고의 성도다운 모습이라고 가르치는 목사님들이 많은데 정말 성경도 모르면서 자기 방식대로 새로운 교리를 만들어 교육하는 모습이라고 볼 수밖에 없다.

매주 예수님의 말씀으로 양육받는 성도라면 이 세상 사는 동안에 지켜야 할 덕목으로 가르쳐 준 말씀을 준행함으로써, 성도들의 모습에서 사람들이 존경할 만한 모습이 보여야 나로 하여금 예수님의 향기를 나타내고 하나님 이름을 빛나게 하는 결과를 낳게 될 것이다. 예수님의 말씀은 의의 말씀이다. **옳은 행실을 행하는 도덕적 규례라는 사실을 잊어서는 안 된다.** 형식적인 의식을 반복적으로 계속하는, 외식하는 믿음보다는 차라리 사람들이 볼 때 의롭게 보이는 도덕적 행위가 더 나은 성도의 모습인 것이다.

예수께서 안식일에 바리새인의 두령의 집에 떡을 먹으러 들어가서 보니 고창병이 든 자가 있어 율법사들과 바리새인들에게 일러 가라사대 안식일에 병 고쳐 주는 것이 합당하냐 아니냐고 질문했다.*(눅 14:1)* 저희가 잠잠하거늘 예수님은 고창 병자를 고쳐 보내고 나서 너희 중에 누가 그 아들이나, 소나, 우물에 빠졌으면 안식일에라도 곧 끌어내지 않겠느냐 하시니 율법사들과 바리새인들이 대답을 하지 못했다고 기록하고 있다.

안식일의 규례를 지키는 것이 당연한 것이고 우선이지만, 그날에 이웃에게 반드시 도움을 주어야 하는 일이 있다면 그것을 무시할 수가 없다는 말씀이다. 도덕적 행위가 의식만큼이나 중요하다는 것이다.

그래서 주님은 **자비를 원하고 제사를 원치 않으신다고 했고***(마*

12:7) **긍휼을 원하고 제사를 원치 않으신다고 하셨다.***(마 9:13)* 도덕적 행위를 부정하는 데는 *"구원은 행위에 있지 않고 믿음에 있다"(롬 1:17)*라는 말씀을 오해해서 벌어지는 일이다.

이 말씀은 율법의 행위를 말하는 것이다. 모세의 율법을 잘 지킨다고 천국 가는 것이 아니라 예수를 구주로 믿는 믿음만이 구원을 받는다는 말씀이다. **율법의 행위를 부정하는 말씀이지, 도덕적 행위를 부정하는 말씀이 아닌 것이다.** 믿음은 없으면서 도덕적 선행을 많이 한다고 구원을 받는다는 말은 더더욱 아니다.

행위에는 율법의 행위와 믿음의 행위가 있다. 율법의 행위는 과거 이스라엘 민족이 지키던 의식의 행위이고 믿음의 행위는 현재의 성도들이 지켜야 할 예수님이 분부한 말씀의 덕목들을 지켜 준행하는 것이다. 이 덕목들을 지켜 준행하는 것이 순종이고 믿음을 보여주는 증거가 되는 것이다. 믿음에는 도덕적 행위가 수반된다. 예수님은 제자들에게 이렇게 말씀하셨다. *"주린 자에게 먹이고 갈한 자에게 마시우고 벗은 자에게 입히는 자는 내게 한 것이고 그런 행동을 하지 않는 자는 내게 하지 않은 것이며 영벌에 처해질 것이다"*

그래서 예수님은 우리에게 새 계명을 주느니 서로 사랑하라, 내가 너희를 사랑한 것같이 너희도 서로 사랑하라고 하셨다.*(요 13:34)* 도덕적으로 의로운 행실을 행할 수 있는 비결은 예수님의 말씀을 지켜 준행할 때 가능해진다. 그래서 예수님은 제자들에게 지상 명령으로 당신의 말씀을 지켜 준행하라고 하신 것이다. 예수께서 베드로에게 내 양을 먹이라, 내 양을 치라 하신 뒤에 다음과 같은 말씀을 하시고 승천하셨다.

> "그러므로 너희는 가서 모든 족속으로 제자 삼아 아버지와 아들과
> 성령의 이름으로 세례를 주고
> 내가 너희에게 분부한 모든 것을 가르쳐 지키게 하라"
> (마 28:19-20)

성도들을 양육할 때 너희들 생각대로 마음대로 하지 말고 예수님이 분부하신 말씀으로 양육하라는 양육법을 알려 주신 것이다. *"만일 형제자매가 헐벗고 일용할 양식이 없는데 평안히 가라, 더웁게 하라, 배부르게 하라고 말하며 쓸 것을 주지 않으면 무슨 유익이 있겠느냐"(약 2:15-16)*라는 말씀처럼 사랑은 불우한 이웃에게 실질적 도움을 주는 것이다. 그런 자가 믿음이 있는 증거를 보이는 것이고 그 가진 믿음으로 구원을 받을 수 있게 되는 것이다.

> "이로 보건데 사람이 행함으로 의롭다 하심을 받고 믿음으로만은
> 아니니라"
> (약 2:24)

여기서 행함은 의식의 행위가 아니라 사랑의 행위이다. 야고보서와 그 뒤의 요한 1, 2, 3서는 사랑을 주제로 쓴 글이다. *"영혼 없는 몸이 죽은 것같이 행함이 없는 믿음은 죽은 것이니라"(약 2:26), "긍휼을 행하지 않는 자에게는 긍휼 없는 심판이 있으리라"(약 2:13), "믿음이 그의 행함과 함께 일하고 행함으로 믿음이 온전케 되었느니라"(약 2:22)* **믿음**

은 곧 사랑의 행함이고 사랑의 행함이 믿음이다. 둘은 하나이고 온전케 그리고 의롭게 될 수 있는 조건이다. 예수님의 말씀을 또 하나 살펴보자.

> "어떤 사람이 예루살렘에서 여리고로 내려가다가 강도를 만나 거의 죽게 되었는데, 제사장도 레위도 그냥 지나가고 이방인인 사마리아 사람이 주막으로 데려가 치료해 주고 돌봐 달라고 부탁한 뒤 돌아오는 길에 부비를 갚으리라 하였다"
> (눅 10:30-36)

오늘날의 교회들은 가난하고 약한 자들을 멸시 천대하고 부하고 강한 자들만 우대하는 경우가 많다. 그런 교회는 절대 없으리라고 믿었는데 아주 계산적으로 목회하는 교회들이 많다는 것을 알게 되었다. 가난한 사람 열보다 부자 한 사람이 교회 운영에 유익하기 때문에 부자들을 우대한다. **그런 행위는 예수님의 마음에 대못질하는 행위이다.** 교회는 세상 사업체가 아니다. 목사님들의 명예와 사생활을 보장받기 위해 존재하는 기관도 아니다. 세상 사람들처럼 명예와 부를 갖고 싶으면 정치를 하든지 사업을 하든지 경제 활동 내지는 사회 활동을 해야 한다.

교회는 세상 욕이 없는 분들이 운영해야 하고 그런 분들이 진정한 성직자라고 말할 수 있다. 스스로 레위 지파 제사장이라고 주장하면서 사마리아인만도 못한 교회들이 너무 많아 하나님 얼굴에 먹칠하고 있다. 하나님 앞에 예배만 드리고 요구만 하는 것으로 교회의 본분을 다하고 있다는 생각은 착각이다.

베드로 사도는 성도들에게 *"너희를 신의 성품에 참여하게 하려 함이라"(벧후 1:4)*라고 말씀하셨다. 개역개정판 성경에는 신성한 성품이라고 말씀을 바꾸어 놓았다. 신의 성품과 같아질 수는 없지만 닮아 가는 자가 되어야 한다는 말씀이다. 믿음에 덕을, 덕에 지식을, 지식에 절제를, 절제에 인내를, 인내에 경건을, 경건에 형제 우애를, 형제 우애에 사랑을 공급하는 자가 되라고 하셨다.

세상에서 육체의 본성으로 썩어질 물질만 탐하며 살던 사람들이 예수를 믿으면 주님의 말씀과 제자들의 가르침에 응하여 실천하는 노력을 조금씩 하다 보면 그 마음은 성령의 사람답게 성화되어가고, 예수님의 성품을 조금이라도 닮게 될 것이다. 그런 자만이 예수님과 한 몸이 되어 하나님 나라로 들어갈 수 있다. 복음을 전하는 일과 함께 도덕적 의의 행실을 행하는 것은 예수님을 닮아 가는 모습을 보여 주는 헌신이며 명령에 순종함으로 믿음을 확인시켜 주는 모습이다.

율법과 복음

"그러므로 율법의 행위로 그의 앞에 의롭다 하심을 얻을 육체가 없나니 율법으로는 죄를 깨달음이니라"
(롬 3:20)

하나님은 인류를 사랑하셔서 정결케 하는 속죄를 주시기 위해 선하시고 의로우신 뜻으로 율법을 주셨다.
율법은 죄를 깨닫게 하며 스스로 죄인임을 인정하게 하는 것이 목적이다.

그러므로 있는 죄에 죄를 더하기 위해서 주셨다고 보아야 한다.
원죄 위에 자범죄까지 더욱더 죄인 되게 하셨다.
그로 인해 구원받을(속죄) 방법이 없으니 구세주를 갈망하게 하신 것이다.

그 율법은 사람의 능력으로는 본성 때문에 온전히 지키기 어려운 법이다.

율법은 죄를 더하기 위함

✝

구약 성경에 기록된 율법은 이스라엘 민족에게 하나님이 주신 법이다. 하나님이 모세를 통해 율법을 주시기 이전에도 그들에게는 관습에 의한 율법이 존재했었다. 그 법을 하나님이 변형시키고 첨가시키고 해서 반포된 법이라고 할 수 있다. 그 법의 본래 목적은 이스라엘 민족을 살리시기 위하여 거룩하신 하나님이 선하시고 의로우신 뜻으로 주신 법이다. 이스라엘을 포함한 모든 인간은 아담으로부터 받은 원죄가 존재한다. 이스라엘은 특별히 하나님께 선택된 민족이고 인도함을 받는 자들이라 그들에게 있는 죄를 깨끗이 속죄해서 당신의 백성 삼으시려는 의도였다.

그래서 율법을 잘 지켜 준행하면 죄 사함도 받고 큰 복을 주실 것을 약속하셨다.*(신 28:1-)* 반대로 제대로 지키지 못하면 엄청난 벌을 받아야만 하는 법이었다. 그러나 그들은 수천 년에 걸쳐 율법을 지킨다고 애를 썼지만 그 결과는 불합격이었다. 그들은 율법을 의지하여 하나님이 우리 하나님이라고 자랑하고 율법의 교훈을 받아 하나님의 뜻을 알고 지극히 선한 것을 좋게 여기며 생활하고 있었지만 그들의 생활은 율법을 가볍게 여기는 모습으로 생활하고 있었다.

도적질하지 말라고 가르치는 자들이 도적질하며, 간음하지 말라

반포하는 자들이 간음하며, 우상을 가증히 여긴다 하면서 신사 물건을 탐하여 훔치며, 다른 사람은 잘 가르치면서 정작 자신들은 본이 되지 못하는 모습을 보였다. 그래서 율법을 자랑하는 자들이 율법을 범하여 하나님을 욕되게 하였고 이방인에게 덕이 되지 못하고 하나님 이름에 모독이 되게 하였다. 오늘날 "예수 믿는 것들이 뭐 저래?" 하는 것처럼 "하나님 백성이라는 것들이 뭐 저래?" 하는 비방의 대상이 된 것이다. 그런 모습으로 더 이상 하나님의 선민이라는 증거로 율법을 받았다고 자랑할 수 없으니 할례 받은 것도 무익하고 하나님의 백성이라는 유대인의 자격이 상실되었다.

차라리 율법이 없으면서도 율법을 지키는 것과 같이 의로운 문항을 잘 지키면 이방인일지라도 유대인보다 낫다고 할 수 있다. 유대인들은 이와 같이 율법 때문에 의인이 되기는커녕 범법함을 더해 더욱더 죄인 된 것이다. 그것이 율법의 의도이다.

"그러므로 율법의 행위로 그의 앞에 의롭다 하심을 얻은 육체가 없나니 율법으로는 죄를 깨달음이라"(롬 3:20) 그렇다면 이방인들은 더 나을까? 절대 그럴 수가 없다. 앞에서 언급한 것과 같이 아담의 죄가 유전으로 내려오고 있으니 이미 죄인이고 유대인들같이 아담의 피를 받고 있어 성격과 행동이 다르지 않을 것이니 이방인에게 율법을 주어도 역시 같은 모습이 되고 말 것이다.

"그러나 죄가 기회를 타서 계명으로 말미암아 내 속에서 각양 탐심을 이루었나니 이는 법이 없으면 죄가 죽은 것임이니라
전에 법을 깨닫지 못할 때에는 내가 살았더니 계명이 이르매 죄는

살아나고 나는 죽었도다
생명에 이르게 할 그 계명이 내게 대하여 도리어 사망에 이르게 하는 것이 되었도다"
(롬7:8-10)

법이 없으면 내가 무슨 짓을 하든 죄인이 되지 않는다. 법이 있기 때문에 누구든 죄인이 될 수밖에 없는 것이다. 계명을 열심히 지키려고 노력하는 동안에 사람 안에 있는 탐심이 본성을 따라 행동해서 결국 계명과 율법을 범하게 하여 죄인이 되었으니 내 안의 탐심이 율법을 능가하게 되고 그 율법은 사람으로서는 감당하기 어려운 법인 것을 깨닫게 되어 스스로 흉악한 죄인임을 인정하고 어떻게 하면 율법을 잘 지킬 수 있을까를 생각하게 하고 정결케 될 수 있는 길을 모색하게 되니 결국 *"율법도 거룩하며 계명도 거룩하며 의로우며 선한 것이다"(롬 7:12)*

육신을 가진 사람의 본성은 선을 행하고자 하는 마음과 악을 행하고자 하는 마음이 함께 존재하기 때문에 언제든지 본성을 따라 악한 행동을 하게 되어 있으니 율법을 온전히 지킬 자가 없는 것이다. 바울 사도는 그런 사람의 마음을 이렇게 표현했다. *"내 지체 속에서 한 다른 법이 내 마음의 법과 싸워 내 지체 속에 있는 죄의 법 아래로 나를 사로잡아 오는 것을 보는도다 오호라 나는 곤고한 사람이로다 이 사망의 몸에서 누가 나를 건져 내랴"(롬 7:23-24)*

율법은 사람들에게 죄를 더하게 하여 더욱더 죄인 되게 하는 것

이 목적이었다. 그래서 죄인임을 철저히 깨닫게 하여 율법을 대신 지켜서 정결케 하고 하나님 백성이 될 수 있게 해 줄 메시아 곧 구세주를 갈망하게 한 것이다. 그 바람대로 예수 그리스도께서 율법의 절기와 제사법의 규례를 따라 십자가에서 죽으셨으니 사람들의 죄를 담당하셨으며 그로 인해 속죄의 길이 열리게 된 것이다.

> "율법이 우리를 그리스도에게로 인도하는 몽학 선생이 되어 우리로 하여금 믿음으로 의롭다 함을 얻게 하려 함이니라"
> (갈 3:24)

그래서 그리스도께서 율법을 대신 지켜 주신 덕으로 그분을 믿은 자들은 누구나 율법을 완벽하게 지킨 자에게 주어지는 속죄의 혜택을 받아 의롭다 함을 인정받아 하나님 백성이 될 수 있는 것이다.*(마 7:1-8)* 아울러 율법이 정한 상도 받게 되는 것이다. *"율법으로부터 벗어났으니 영의 새로운 것으로 할 것이요 의문의 묵은 것으로 아니할지니라"(롬 7:6)* 이제 예수 그리스도를 믿는 자들은 율법의 얽매임으로부터 예수께서 자유케 하셨으니 그분이 보내 주신 성령의 소욕을 따라 살면 되는 것이다.*(갈 5:16, 22-26)*

영으로서 몸의 행실을 죽이는 훈련을 계속, 계속하지 않으면 죄는 언제든지 고개를 들고 호시탐탐 그리스도의 곁을 떠나 범법자의 길로 끌고 가려고 하는 육체의 마음에 끌려 살게 될 것이다. 육신의 생각은 범법자가 받는 벌인 사망을 얻게 하고 영으로서 육신의 생각을 죽이면 생명과 평안을 얻게 된다. 오순절 날에 불의 혀같이 임하신 성령은 말씀으로 임하신 성령이다.

그리스도의 말씀이 내 안에 가득하여 그 말씀대로 살고자 노력하는 자들은 육신의 생각을 능히 이길 수 있다. 그리스도의 말씀대로 사는 자가 성령의 인도함을 받는 사람이다. 예수께서 분명히 내가 이른 말이 영이니라 하셨다. 이제는 율법이 정한 어떤 의식도 우리는 더 이상 행할 이유가 없다. 그러나 바울 사도의 이 말이 부담이 된다. *"그런즉 우리가 믿음으로 말미암아 율법을 폐하느니 그럴 수 없느니라 도리어 율법을 굳게 세우니라"(롬 3:31)* 율법을 더 잘 지켜야 한다는 말씀으로 여겨진다. 그런데 우리는 이미 율법에서 크게 벗어나 있다. 율법의 성전의 모습도 없고, 제사도 없고, 안식일보다는 주일에 예배하고 있다.

또 사도 바울은 유대인들과 있을 때는 율법을 지켰고 이방인들과 있을 때는 그들처럼 행동했다고 했다.*(고전 9:21)* 바울은 바리새인으로서 율법을 가르치는 율법사 중의 율법사였음에도 불구하고 때론 율법을 소중히 여기던 태도를 바꾸어 이방인과 같은 생활을 하였다는 것은 율법은 반드시 지키고자 노력하는 것은 옳지 않다는 결론이 내려진다. 지금도 이스라엘 민족보다 내가 율법을 잘 지켜서 복의 복을 받겠다는 어리석은 성도들이 있다면 이 말씀을 기억하라. *"누구든지 온 율법을 지키다가 그 하나에 거치면 모두 범한 자가 되나니"(약 2:10)*라는 말씀이다. 남을 사랑하는 자는 율법을 다 이룬 것이라는 말씀을 기억하라.*(롬 13:8)* 율법을 굳게 세운다는 말씀은 사랑의 행위를 굳게 세운다는 말씀으로 이해해야 할 것이다. 결론적으로 율법을 가졌던 유대인들에게 율법은 그들을 살리는 법이 되지 못하고 죽이는 법이 되었다. 그런 그들에게 하나님은 그들을 살리기 위하여 선지자들을 통해 복된 소식을 전하셨다.

· 복음은 좋은 소식, 복된 소식이다.

이스라엘을 위해 율법을 대신 지켜 주실 메시아를 약속하셨다. 바벨론의 포로가 되어 압제당하고 있는 그들에게 하나님은 새로운 시대의 도래를 약속하셨다. *"아름다운 소식을 전하는 자여 너는 높은 산에 오르라 아름다운 소식을 예루살렘에 전하는 자여 너를 힘써 소리 높여라 두려워 말고 소리 높여 유다 성읍들에게 이르기를 너희 하나님을 보라 하라 보라 주 너희 하나님께서 장차 강한 자로 임하실 것이요 친히 그 팔을 다스리실 것이라 보라 상급이 그에게 있고 보응이 그 앞에 있으며 그는 목자같이 양 무리를 먹이시며 어린 양을 그 팔로 모아 품에 안으시며 젖 먹이는 암컷들을 온순히 인도하시리로다"(사 40:9-11, 52:7, 61:1-4)*

이 말씀은 이스라엘 민족을 바벨론으로부터 해방시켜 주시겠다는 말씀이지만, 그 속에 숨은 뜻은 예수 그리스도, 메시아를 통한 새 시대의 새로운 통치를 약속하시는 비밀의 계시의 말씀이다. 이사야서 전체가 예수 그리스도 메시아 시대를 예언한 책이다. *"주께서 친히 징조로 너희에게 주실 것이라 보라 처녀가 잉태하여 아들을 낳을 것이요 그 이름을 임마누엘이라 하리라"(사 7:14)* 하나님은 이사야 선지자를 통해 아하스왕에게 새 시대의 계획을 전하셨다.

하나님은 이스라엘과 유다에게 약속대로 가나안 땅을 주셨는데 그들은 지키라는 율법과 계명을 잘 지키지 못했다. 하나님을 불신

하고 지도자를 원망하고 대적하고 우상 숭배를 일삼았다. 그 행동들은 율법을 범하는 행동들이다. 그러므로 하나님은 그들을 멸하시고 새로운 시대를 열 것을 작정하셨다.*(사 7:15-16)* 그 새 시대는 온 인류를 죄에서 구원하는 예수 그리스도의 율법의 마침이며 그로 인해 죄에서 구원받은 자(성도들)들을 통치하는 예수 그리스도가 왕이신 새로운 이스라엘의 시대이다. 그 통치가 메시아는 *"이새의 뿌리에서 한 가지가 나서 결실할 것"(사 11:1; 슥 6:12)*이라고 말씀하셨다.

예수님은 이새의 아들인 다윗왕의 혈통으로 난 후손, 요셉은 형식상 아버지로 이십사 대의 자손으로 태어나셨다. **이새의 뿌리에서 한 가지가 난다는 말은 육체의 혈통이 아닌 다른 방법, 성령으로 새롭게 태어난다는 뜻이다.** 그래서 예수님은 이새의 뿌리에서 난 요셉을 형식상의 아버지로 하고 혈통이 아닌 성령으로 잉태되어 마리아에게서 태어나셨다.*(마 1:18-20)* **혈통으로 이어진 이스라엘과 유다는 이제는 더 이상 하나님의 선민이 아니다.** 이새의 뿌리에서 한 가지가 나서 결실하여 성령으로 태어난 예수 그리스도께 속한 성도들이 새로운 이스라엘과 유대인이 되고 하나님의 선민이며 하나님의 백성이다.

> "전에 고통하던 자에게는 흑암이 없으리로다 옛적에는 여호와께서 스불론 땅과 납달리 땅으로 멸시를 당케 하셨더니 후에는 해변 길과 요단 저편 이방의 갈릴리를 영화롭게 하셨느니라
> 흑암에 행하던 백성이 큰 빛을 보고 사망의 그늘진 땅에 거하던 자에게 빛이 비치도다"
> (사 9:1-2)

구약 성경 속에 나타난 복음은 유대인에 전하셨지만 그 복음은 그들만의 것이 아니고 이방 민족들에게도 주어지는 좋은 소식이다. 그 소식은 예수 그리스도를 통한 새로운 통치의 시대를 약속하시고, 그 통치하에 있는 자들은 이방이든 유대인이든 차별 없이 하나님의 상급을 받게 된다는 소식이다. 그래서 그 약속대로 **예수께서는 유대 베들레헴에서 태어나셔서 이방인 갈리리 땅에서 사역하셨다.**

유대와 이방 모두에게 왕이 되시는 통치자의 모습을 보여 주신 모습이다.*(마 4:15-16)* 갈릴리 지방은 북이스라엘 이방의 땅이며 베들레헴은 하나님 백성의 땅이다. 구약 성경 속에는 성령을 보내 주실 것도 약속하셨다. 이것도 복된 소식이다. 죽었던 영이 다시 살아날 수 있는 새 영이기 때문이다.

> "그 후에 내가 내 신을 만민에게 부어 주리니 너희 자녀들이 장래 일을 말할 것이며 너희 늙은이들이 꿈을 꾸며 너희 젊은이는 이상을 볼 것이며 그때에 내가 또 나의 신으로 남종과 여종에게 부어줄 것이며"
> (요엘 2:22-29)

율법으로 인하여 더욱더 죄인 된 자들을 위해 율법의 정죄를 도말하시기 위해 예수께서 십자가상에서 율법의 마침이 되셨으니 그를 구세주로 영접하고 믿는 자들에게 새로운 영, 성령을 부어 주셔서 영이 죽었던 옛사람들 중에서 **새로운 영을 가진 새 민족을 이루시기 위하여 성령을 주시겠다는 소식을 전하신 것이다.** 하나님이 이처럼 세상을 사랑하사 예수 그리스도로 하여금 인류를 구원하는 능력을 신약 성경에서 복된 소식으로 전하고 있다.

> "소경이 보며 앉은뱅이가 걸으며 깨끗함을 받으며 귀머거리가 들으며 죽은 자가 살아나며 가난한 자에게 복음이 전파된다 하라"
> (마 11:5; 눅 4:18)

예수님의 이 복음 전파의 말씀을 해석하면 이러하다. 액면 그대로 보면 참 회개한 일이다. 그러나 영적 의미로 보면 유대인과 이방인을 통칭하여 일컫는 말씀이다.

이스라엘과 유대인들은 구약 성경의 말씀을 보기는 보아도 보지 못하는 소경이며, 스스로 서지 못하는 앉은뱅이이며, 듣기는 들어도 깨닫지 못하는 무지한 자들이며, 영이 죽은 자들이다. 그리고 이방인들은 하나님의 약속을 받지 못한 가난한 자들이다. 그러므로 그들은 구약 성경 속에 감추어져 있던 예수를 보며 숨겨진 복음을 듣게 된다는 뜻이다. 예수 그리스도의 구원의 복음은 유대와 이방 모두에게 전파되고 듣게 된다는 말씀이며 그들 모두가 구원을 받게 될 것이라는 말씀이다.

구약 성경 속의 복음은 **메시아의 탄생과 성령의 약속**이며 예수 그리스도의 새로운 왕의 통치하는 새 시대를 계시한 것이며 신약 시대의 복음은 구약 성경 속에 계시된 말씀대로 성취된 새 시대에 메시아로 인해 얻게 될 **구원과 하나님 백성이 되는 약속**이다. 율법은 더욱더 죄인 되게 하여 어쩔 수 없는 죄인임을 인정케 하고 복음은 그 죄로부터 해방될 수 있는 방법의 기쁜 소식이다.

※ 덧붙이는 글

기독교인들은 이스라엘이라는 이름을 접할 때 무조건 하나님의 택한 백성이라 생각하고, 반드시 성경의 주역이라고 생각한다. 그러나 가나안 땅에 들어간 후 솔로몬왕 시대에 이르러서 나라의 분열로 북이스라엘은 더 이상 하나님 백성이 아니고 이방 민족이 되었다. 솔로몬 시대에 열 지파를 이끌고 르호보암이 북이스라엘을 세우고 남쪽은 유다 지파와 레위 지파, 두 지파가 여로보암에 의해 세워졌다. 레위 지파가 있어서 율법을 지켜 나가는 남쪽 유다 나라는 하나님 선민이고, 북이스라엘은 그때부터 더 이상 하나님 선민이 아니라 이방에 지나지 않게 되었다. 이런 사실을 인지하지 못하고 성경을 보는 사람들은 성경을 이해하는 데 어려움이 따를 것이다.

북이스라엘(10지파)	**남유다(2지파)**
사마리아, 이방 나라	예루살렘, 하나님 선민
→ 세상 사람들의 상징	**→ 천국 백성의 상징**

이론과 실제

성경을 앞뒤 문맥이나 시대적 배경을 무시하고
잘라서 이해하고 뽑아서 적용하면 무서운 결과를 초래한다.
심지어는 한 문장의 앞뒤를 잘라서 자신의 주장에 맞춰 적용하는 경우도 있다.
참으로 말문이 막힐 노릇이다.

저자는 지금까지 신앙생활을 하는 동안 접한 목사님들의 말씀이 이 세상에서 축복받고 잘 살 수 있는 **비결은 오직 많은 예배 참석과 많은 기도와 교회 안에서의 봉사와 많은 헌금이라고 하는 말을 들었으나 연구, 노력하며 최선을 다해야 성공한다는 말은 들어 본 적이 없다.** 실제로 주변에 많은 분들이, 믿음이 아주 좋은 것처럼 신앙생활을 하던 분들이 대부분 좋지 않은 결과로 불행해진 모습을 보며 저자가 느낀 점을, 성경을 근거로 주장하고 깨닫게 하고 성도들을 바른길로 인도하고 싶은 마음에 이 글을 쓰게 되었다.

뜻을 이루기 위하여, 성공하기 위하여, 역경을 이기기 위하여 애쓴 과정은 이야기하지 않고 믿음만 부각시키고, 강조하고, 합리화시켜 말을 하고 간증하는 것이 한국 교회의 신앙의 모습이다. 나는 별다른 노력을 안 했는데 놀라운 결과가 나타났다고 이구동성으로 말을 한다. 그 말을 듣고 감명받은 순진한 사람들은 하나님께 빌기만 하고 의지만 하는 게으름뱅이 내지는 분별력을 잃어버린 소극적인 사람이 되고 만다. 이전만도 못한 결과를 낳게 한다.

요셉의 꿈은 이스라엘의 종살이를 위한 것

창세기 37장에는 요셉의 이야기가 기록되어 있다. 하루는 야곱의 열한 번째 아들 요셉이 자기 형들에게 자신이 꿈꾼 내용을 이야기 한다. "들에서 곡식 단을 묶을 때 내 단은 서 있고 형들의 단은 내 단을 둘러서서 절하더이다"라고 이야기를 했다. 그 말을 들은 형들은 심기가 불편해졌다. "그럼 네가 우리들의 왕이 되겠느냐"라고 질문을 했다. 요셉은 아랑곳하지 않고 두 번째 꿈 이야기를 했다. "해와 달과 열한 별이 내게 절하더이다" 그 말은 아버지 야곱도 들었고, 형들은 시기하였으나 야곱은 범상치 않은 꿈이란 생각이 들어 마음에 두었다고 기록하고 있다.

그 후에 요셉은 형들의 계략에 따라 죽임을 당할 뻔했으나 장자 루우벤의 만류로 죽이지 아니하고 이스마엘 사람들에게 팔아넘겨 그들이 애굽의 군대장관 보디발에게 팔아서 애굽으로 가게 되었다. 처음에는 보디발의 집에서 종살이를 하다가 보디발의 아내의 유혹을 뿌리친 일로 인해 보디발의 아내의 음해에 빠져 2년이나 옥살이를 하다가 그 나라의 왕인 바로의 꿈을 해석하고 그 해석한 꿈이 7년 기근에 대한 꿈이라는 것과 거기에 대비하도록 권유하여 실제로 그 후에 큰 가뭄이 왔을 때 곡식을 저장하게 한 대비로 인해 하나님이 함께하는 자로 인정받아 그 나라의 살림을 맡아 치리하는 국무총리가 되었다.*(창 41:36-44)*

그 후 요셉의 고향집이 있는 이스라엘에는 큰 흉년이 들어 요셉의 가족들이 먹을 것이 없어서 먹거리를 구하러 애굽으로 갔던 것이 계기가 되어 야곱의 가족 모두가 애굽으로 가서 살게 되었다. 형들은 요셉을 알아보지 못하고 요셉의 배려에 감사하며 요셉에게 절을 하고 주를 섬기겠다는 고백을 하게 되었다. 요셉이 꿈꾼 내용이 현실이 된 것이다.

이 이야기는 우리 기독교에서 꿈을 가진 자는 반드시 성공한다는 주제로 많은 설교를 한 내용 중의 하나이다. 그렇다 할 꿈이 없이 맹목적으로 사는 사람은 삶의 의지가 약해서 무엇을 이루기가 어렵고 무의미하게 세월을 흘려보내고 초라한 모습의 인생을 살게 된다. 꿈을 가진다는 것은 긍정적인 생각을 갖게 한다. 무한 긍정의 생각으로 사는 자는 부정적 생각을 하는 소극적인 사람에 비하면 좋은 결과를 얻게 된다. 그러나 '꿈을 가지고 있다는 이유만으로 정말 잘될까?'라는 생각을 해 볼 필요가 있다. 세상 사람들은 꿈을 가지면 그 꿈을 이루기 위해 엄청난 노력을 하는데 이상하게도 믿는 자들은 마음만 간절히 바랄 뿐 꿈을 이루기 위해 행동으로 노력은 그리 많이 하지 않는 것을 볼 수가 있다. 그것은 하나님이 잘해 주실 것이라는 믿음만 크기 때문이라고 본다. 성경의 내용처럼 되는 기적만 바란다는 것이다.

이런 자세로는 아무리 꿈을 가져도 이루어지지 않는다. 여러분 주변의 교인들을 상대로 살펴보라. 높은 기대감과 바람이 강한 사람일수록 큰 믿음을 가진 자같이 보이지만 실제로는 초라한 모습으로 살아가는 사람들이 너무나도 많다는 것을 알게 될 것이다. 그 이유는 꿈을 갖고 살다 보면 잘될 것이라는 막연한 기대감만 심어 주고 추상적인 말로 그럴싸하게 감명만 줄 뿐 냉혹한 세상살이를 견디고, 이기고 성공할 수 있도록 피나는 노력을 해야 한다는 말은 하지 않기 때문이다. 그래서 기독교인들에게는 신앙 이론의 결과가 실제로는 좋지 않게 나타나게 되는 것이다.

요셉이 꿈만 가졌다고 국무총리가 되었는가? 바로의 꿈을 잘 해석하는 지혜가 있었고, 그 꿈에 대해서 대처하는 지식과 능력을 갖고 있었기에 바로에게 인정받고 국무총리가 된 것이다. **꿈을 가진 자는 그 꿈을 이루기 위해 그 분야에 대한 지식을 쌓고, 기술을 개발하고, 지혜를 동원하여 남들보다 월등한 비법을 만들지 못하면 그 꿈을 이룰 수가 없다는 사실을 잊어서는 안 된다. 연구 노력하는 자세로 살지 않으면 안 된다.** 기술을 개발하고 노하우를 쌓기 위해 노력하며 그 노력이 성공할 수 있도록 하나님께 도움을 요청하는 기도를 해야 할 것이다.

이제 기복주의적이고 인본주의적 사고방식으로 본 요셉의 이야기를 하나님 입장에서 살펴보자. **구약 성경 전체가 하나님의 계획과 섭리를 기록한 것이다. 한 가지도 사람의 의지대로 된 것이 없으며 그런 것같이 보이는 것마저도 하나님의 섭리를 위한 것이며 비밀의**

계시를 위한 것이다. 요셉의 이야기도 하나님의 섭리의 과정의 기록이며 비밀이 계시이다. 요셉의 이야기는 아브라함의 후손인 야곱과 이스라엘 민족을 바로의 나라에서 종살이를 시키기 위한 하나님의 계획이 실천되는 과정의 기록인 것이다. 하나님은 요셉의 조부 아브람을 부르시고 선택하시고, 복의 약속을 하시고 반드시 그의 후손이 겪어야 될 일에 대해 이미 오래전에 말씀하셨다.

> "너는 정녕이 알라 네 자손이 이방에서 객이 되어 그들을 섬기겠고 사백 년 동안 네 자손을 괴롭게 하리니"
> (창 15:13)

180년 전에 하신 위 본문의 말씀이 이루어지게 하기 위해 하나님이 만드신 사건이라고 할 수 있다. 요셉의 꿈도 하나님이 주신 것인데 요셉이 애굽의 국무총리가 되게 하시는 목적 이전에 형들이 시기하며 애굽으로 팔려 가게 하기 위한 하나님의 작전이었다. 그다음 요셉이 애굽의 국무총리가 되게 하시고 애굽의 재산을 총괄하는 국무총리가 되게 하신 것이다. 그리고 가나안 땅에 기근이 들게 하시며 어쩔 수 없이 양식이 많은 애굽으로 양식을 구하러 가게 하신 것이다.

가나안 땅에 살고 있던 요셉의 가족들이 식량을 구하러 애굽으로 갔다가 요셉 덕분에 그곳에 살게 되었는데 그 생활이 무려 430년이며 모진 고역을 견뎌 내며 살아야 하는 종 된 생활이었다.

하나님은 왜 이스라엘을 애굽의 종살이를 시켜야만 했을까. 앞에서도 언급한 바가 있지만 출애굽 1장에 보면 출애굽 직전에 종살이 하는 히브리 민족(이스라엘)의 상태에 대해 표현한 것이 있다. *"이스라엘 자손은 생육이 중대하고 번식하고 창성하고 심히 강대하여 온 땅에 가득하게 되었더라"(출 1:7)* 하나님은 이스라엘 민족이 이만큼 번성할 때까지 기다리신 것이다. 결과적으로 종살이의 목적은 인구의 증가로 힘을 기르기 위한 것이었다. 처음에 애굽에 들어간 야곱의 가족은 70명이었는데 나올 때의 수는 장정만 60만이라고 했다. 그러니 여자와 어린아이, 노인을 합치면 100만이 넘었을 것이다.

그들이 본래 살고 있던 가나안 땅은 여러 족속과 함께 살고 있었기 때문에 모든 조건이 열악하고 그들이 정착하고 살면서 주변 족속들을 다 몰아내기는 매우 어려운 일이었기 때문에 애굽의 풍족한 식량과 환경을 이용해서 많은 인구를 만든 다음에 가나안 땅을 점령하려는 하나님의 계획과 의도 때문이라고 볼 수가 있는 것이다. 요셉이 꿈을 꾸고 애굽의 국무총리가 된 것을 기록한 이야기지만 그 사건이 이스라엘 민족의 의지와는 상관없이 애굽의 종살이를 보내기 위해 만들어진 계획대로 실천한 내용의 기록인 것이다.

한 가지 예를 더 들어 보자.

> "네 시작은 미약하였으나 네 나중은 심히 창대하리라"
> (욥 8:7)

이 성구는 어느 집에나 많이 걸려 있는 가훈과 같은 성경 구절이다. 특히 자영업을 하는 점포에 많이 걸려 있다. 사업을 시작하고 잘되기를 바라는 마음은 누구에게나 있다. 그러나 이 말씀을 걸어 놓고 사업이 잘되기 위해 열정적으로 애쓰고 노력하며 능력을 쌓는 일보다 매우 타성에 젖어 소극적인 자세로 사업에 임하는 분들이 많다는데 문제가 있는 것이다. 그 말씀만 지나치게 믿고 사업은 자칫 의타적이고 게으르고 방만한 운영을 하면서 하나님께 잘되기만을 비는데 힘을 더 쓰고 날이 갈수록 간절함만 더하다가 끝내 실패만 맛보게 되는 경우가 너무나도 많다는 것이다.

하나님께 의지하고 간절히 바라고 믿기만 하면 큰 믿음이고 그런 자를 기뻐하시고 복 주신다고 가르치지만 실제로 그렇게 되는가를 조사해 보았는가. **그런 믿음처럼 된 사람들도 있다고 하겠지만 그 반대의 결과가 나타난 사람들이 대부분이다. 그런 믿음은 세상살이의 분별력과 이성을 잃어버린 모습이며 판단이 흐려진 모습에 불과할 뿐 좋은 믿음이 아니라는 것을 깨달아야 할 것이다.**

저자의 젊은 시절의 삶이 대부분 하나님께 의지만 하는 의타적 믿음이라 사업에는 아주 소극적이고 억지로 마지못해 하며 적극적인 노력보다는 현실을 회피 내지는 도피하는 생활 모습이었다. 그런 믿음이 크면 클수록 생활은 점점 나빠지는 것을 깨닫게 되었을 때는 성경의 기록 목적을 깨닫게 되면서이다. 그리고 정신을 차리고 이성과 분별력을 되찾아 적극적인 자세로 생활에 임하게 되었다. 그때는 이미 세월이 너무 많이 흘러 인생 후반으로 가는 시기였으니 참으로 안타까운 노릇이 아닐 수 없다.

"네 시작은 미약하였으나 네 나중은 심히 창대하리라"
(욥 8:7)

욥은 예수 그리스도를 예표한다. 그러므로 욥에게 하신 이 말씀은 예수께서 이루실 일을 예고하는 말씀이다. 예수님은 이 땅에 그리스도로 오셔서 하나님의 양 무리들을 길러 내야 하는 사명을 부여받으신 분이다. 그분의 공생애의 시작은 매우 미약하였으나 임무를 마치고 가신 뒤에는 전 세계적으로 기독교인들이 엄청나게 늘어나서 매우 창대해졌다. 성경은 이것을 계시하신 것이다. **귀머거리요 소경들은 이 말씀을 깨닫지 못하고 오해하고 성도들에게는 실제의 결과가 어떻게 나타나든 관계없이 자신들이 느낀 인본주의적 성경관을 주입시킨다.**

무서운 결과가 나타나게 하는 소경 된 인도자들이다. 그 말씀을 적어 놓고 묵상하고 막연하게 믿고 바란다고 창대해질 것이라 기대하는 성도들이 매우 많으나 **그 말씀을 붙잡고 성공하기 위하여 끝없이 기도하고 생각하고 연구 노력하며, 능력과 노하우를 쌓고 적극적으로 임할 때 끝이 창대해진다는 사실을 명심해야 할 것이다.** 하나님은 이런 자를 도우신다.

우리 집안은 조모께서 권사님의 직분으로 시골집 안방에서 감리교를 개척한 한 마을의 믿음의 조상이었다. 그리고 우리 가족은 고향 마을에 작은 교회를 건축하는 데에도 물심양면으로 도우며 애를 쓴 가정이다. 그럼에도 불구하고 부자 소리 듣던 집안이 부친의 잘못된 처사로 재산은 모두 없어지고 자식들은 상속 하나 못 받고 사업도 잘되지 않아서 극빈자의 신세만 면하고 겨우겨우 초라한 삶을 살아왔다. 이런 우리 가정을 보고 믿지 않는 자들은 이렇게 말한다. "예수를 믿으면 저렇게 망한다. 그러니까 예수 믿으면 안 돼."

나는 그런 말을 들을 때 억장이 무너지고 부끄러워 고향을 갈 수가 없었다. 많은 날을 울며 통곡하며 앞날이 암담하여 하나님의 도움과 세움의 기적을 바라며, 산으로 기도원으로 교회에서 무릎 꿇고 두 손 들고 목청이 터져라 부르짖으며 기도했다. **"하나님이여 보시옵소서. 아들이나이다. 내가 무능하고 미련하여 우리 집이 망하였나이다. 그로 인해 하나님 얼굴에 먹칠을 했나이다. 타인으로 하여금 하나님의 이름을 망령되이 일컫게 하는 죄를 지었나이다. 용서하시고 우리 집의 부를 회복시켜 주시옵소서. 나를 속히 부하게 하사 세상 사람들 앞에 믿음의 보람과 하나님의 영광을 보일 수 있게 하소서. 속히, 속히 부하게 되는 기적을 베푸사 뭇 사람들에게 믿음의 본을 보이게 하소서…."**

그러나 몇 십 년이 지나도 아무런 변화가 없었다. 오히려 더 나빠져 바닥까지 내려갈 데가 없는 데까지 내려가고 말았다. 이런 모습을 보고 많은 이들은 나를 시험하시는 것이라 하고 강하게 하기 위하여 훈련하시는 것이라고 한다. 믿음의 생각으로 맞는 말이라고 믿어야 마땅하지만 너무 그렇게 쉽게 말하지 말라. 하나님은 나에게 이렇게 말씀하시는 것 같았다. "네게 닥친 모든 결과는 네 책임이다. 왜 그렇게 되었는가를 돌아보고 다시는 그런 과오를 되풀이하지 말라. 그러면 다시 살리라. 그리고 내가 도우리라." 그 깨달음대로 나는 나를 돌아다보고 나의 잘못된 믿음과 행동을 고치고 바꾸어 나갔다.

그리고 이성과 분별력을 되찾아 생활에 임하게 되었을 때 다시 일어나기 시작했다. 믿는다는 이유로 긍정의 생각만으로 잘되는 것이 아니다. **망하지 않으려면 패망의 원인을 만들지 않도록 지혜로워야 하고 흥하려면 흥하기 위해 생각하고 연구하고 애쓰지 않으면 아무리 믿음이 크더라도 그 믿음은 빛이 바래고 만다.** 내가 지혜롭지 못하고 최선을 다하지 못하여 좋지 않은 결과를 초래하게 되면 하나님 앞에 큰 죄를 짓는 것이다. 하나님 믿으면 복받는다더니 꼴이 저게 뭐야 하며 손가락질 당하면 나는 물론이고 하나님도 함께 모독을 당하는 것이기 때문이다. 하나님은 우리가 소극적이고 나태하고 미련하게 살면서 잘되기를 바라는 막역한 믿음을 원치 않으신다는 사실은 구약 성경의 많은 인물들의 생활을 통해 깨달아야 한다.

"너는 하나님만 바라라"

"너희 길을 여호와께 맡기라 저가 이루시리라"

위의 말씀들을 듣는 대상들은 모두 선지자들이다. 선지자들은 하나님의 구원 사역을 전달하는 일꾼들이다. 그리고 하나님은 인류를 구원하는 일은 내가 할 것이니 너희는 내가 시키는 대로만 움직이라는 말씀이다.

변화하는 성도

"화려하게 시작하면 평생이 고달프고 초라하게 시작하면 인생 후반이 행복하다."
신앙은 예수님의 말씀으로 자기 자신을 다스리는 것이다.

그리스도의 말씀으로 무장한 사람은 사탄이 주도하는 내 안의 탐심과 죄성이 요동칠 때마다 필요한 말씀이 생각나서 내 안의 악과 싸워 이기게 된다. 그것이 사탄과의 영적 전쟁이다.

예수를 믿으면 예수님의 말씀과 신약 성경의 말씀으로 자신을 변화시켜 한층 차원이 높은 생각과 행동을 하게 한다. 인생의 진리도 깨닫게 되고 가치관의 변화로 스스로 행복한 인생을 만들어 나가는 능력자가 된다.

신앙은 자신과의 싸움(영적 싸움)

사람들의 마음속에는 선과 악이 함께 존재한다. 악은 육체의 속성을 따라 살고자 하는 마음이다. 육체는 먹고 마시고 뛰놀고자 하는 동물적 본능을 충족시키기 위해서 그 마음은 늘 완악하고 공격적이고 매우 이기적이다. 그래서 그 마음에는 시기와 투기와 질투와 분냄과 분쟁을 일삼으며 술수와 호색과 술 취함과 방탕으로 길을 찾고 즐기려고 한다.*(갈 5:19)*

이런 것들은 사람의 본성과도 같은 것이다. 예수를 믿기 전에는 이런 마음들이 나 자신을 지배했지만 예수 그리스도의 말씀으로 양육받은 성도들은 그 마음이 변해야 한다. 온유와 자비와 용서와 배려하는 마음 그리고 절제와 베푸는 마음 등의 사랑의 마음이 나를 지배하게 해야 한다. 그것은 내 안에 있는 선한 마음이 악한 생각들을 지배하는 것이다. 그것이 예수 그리스도의 마음이며 본받아야 할 것들이지만 육체의 소욕이 강한 사람들로서는 이런 모습이 되기가 쉽지 않다. 그래서 기도로, 그리스도의 말씀의 묵상으로 악한 생각을 몰아내는 힘을 길러야 한다.

끝없이 몰려오는 육체의 물욕을 채우기 위해 함께 동원되는 악한 생각들을 몰아내는 능력은 기도와 그리스도의 말씀이다. 말씀이 아니고는 어떤 방법으로든 내 안의 악과 싸워 이길 수 없다. 나 자신이 나를 다스려 나가려는 성도들에게 성령이 함께하신다. 그 성령의 도우심으로 능히 악을 이기고 그리스도 사람다운 모습을 지닌 선한 성도들이 될 수가 있다. 이와 같은 상태가 되는 것은 나 자신이 옛사람을 벗고 새사람이 되는 것이다. 이전과는 완전히 다르게 변화된 모습이다.

이전 것은 지나가고 새로운 성령의 사람이 된 것이다. **모든 면에서 변하지 않으면 삶의 변화는 일어나지 않는다.** 변화된 사람은 이전과는 삶의 방식이 달라지기 마련이다. 모든 문제를 내가 아닌 남에게 원인이 있다 생각하고 타인을 원망하고 미워하고 불평, 불만하던 사람이 자기 자신에게서 문제점을 찾으려는 모습으로 바뀌게 된다.

모든 인생사의 현재 결과의 모습은 모두 자신의 능력의 산물이지 남이 나를 이렇게 만든 것이 아니라는 것을 말씀을 통해 깨닫게 되기 때문이다. 반드시 그런 모습으로 변해야 하고 변하지 않으면 그 인생의 행복한 미래를 보장받을 수가 없다. 사람들은 높은데 마음을 두고 그 목표를 이루기 위해 허덕이며 고달프게 살아간다. 사탄의 종이 된 모습이다. 그러나 **성도들은 그 마음이 낮은데 처해야 한다. 그래야 내 마음에 천국을 소유할 수가 있다.**

예수님의 첫 번째 수훈의 말씀이 *"심령이 가난한 자는 복이 있나니 천국이 저희 것임이요"(마 5:3)*이다. 우리의 마음속에는 육체의 소욕을 따라 아주 많은 갖가지 욕심으로 가득 차 있다. 마음에 갖가지 욕심으로 꽉 채워진 부자들이다. 그 욕심들을 덜어 내야 육체의 편안과 마음의 평안이 찾아온다. 그런 사람이 심령이 가난한 자요 천국의 소유자이다. 큰 것, 비싼 것, 화려한 것, 감투, 권력 등을 소유하려는 마음은 악이며 세상을 사랑하는 자이며 하나님 나라를 유업으로 받을 수가 없다.

또 예수께서는 마음이 청결한 자가 하나님을 볼 수 있다고 말씀하셨다. 우리의 마음속에는 온갖 더러운 죄성을 가지고 있다. 우상숭배, 음행, 자신의 이익과 편리함만 추구하는 극단적 이기심은 모든 사람으로 더불어 평화하라는 말씀과 네 부모를 공경하라, 네 이웃을 사랑하라는 말씀을 쉽게 범할 수밖에 없는 죄인이 되게 한다. 이런 범법을 벗는 자라야 그 마음 상태가 청결한 자가 되는 것이다.

하나님은 자기 백성 삼은 자들은 반드시 정결케 되는 과정을 거치게 하신다. **신앙의 궁극적인 목적은 죄 사함을 통한 거듭남이다.** 죄가 없는 자가 마음이 청결한 자요, 하나님을 만나 볼 수 있는 사람이다. 이 세상 사는 동안에 육안으로 하나님 모습을 보는 것이 아니라 하나님 나라에 갈 수 있는 자격자가 되어 **하나님 나라에 가서 하나님을 볼 수 있는 것이다.** 죄성으로 가득 찼던 마음이 성령의 도움으로 성령의 소욕을 따라 사는 청결한 모습의 존재로 변화되는 것이 성도들이다. 심령이 가난한 자가 되고 마음이 청결한 자가 되는 것은 끝없는 자기 마음의 선과 악의 싸움이며 예수 그리스도의 말씀으로 자신을 다스리는 싸움인데 반드시 성령께서 도우셔서 이기게 될 것이다.

룻기서를 보자. 엘리멜렉과 나오미 부부가 두 아들을 데리고 유대 베들레헴에서 모압 땅으로 이민을 갔다. 유대 땅에 살 때에도 재산이 있어 살기에 불편이 없었는데도 불구하고 더 잘 살아 보겠다는 욕심을 가지고 타국으로 이민을 간 것이다. 그곳에서 이방 여인을 두 아들의 아내로 맞이하여 십 년 세월을 열심히 살았지만 결과는 비참한 모습만 남았다. 나오미의 남편 엘리멜렉과 두 아들은 무슨 이유에선지 모두 그 땅에서 죽었고 두 며느리와 함께 세 여인만 남겨졌다. 할 수 없이 다시 유대 땅으로 돌아가서 자기 땅을 며느리 룻의 명의로 기업 무를 자 보아스의 도움으로 되찾아 살게 되었다. 지나친 욕심을 부리다 패가망신한 것이다.

우리 삶의 모습이 대부분 이런 모습이다. 자신의 형편과 처지에 맞는 생활이나 투자보다는 욕심만 앞세우다가 있는 것 다 잃고 빚까지 짊어지고 고달픈 생을 사는 인생들이 너무나도 많다. 믿음의 사람들은 물질의 탐욕에 빠져 살던 마음을 다스릴 줄 알아야 한다. 저자는 성도들의 돈벌이 방식에 대해 몇 가지 조언을 하고자 한다. 지각이 있는 사람이라면 당연한 상식이지만 욕심이 앞선 사람들은 감지하지 못하는 것들이다.

행복을 보장받기 위해 돈벌이를 나설 때 첫째로 해야 할 일은 눈높이를 낮추고 급한 마음을 버리는 것이다.

인생은 짧은 것 같으면서도 길다 하면 긴 세월이다. 짧은 기간에 많은 돈을 벌어서 나머지 세월을 즐기며 살겠다는 생각은 큰 위험을 부르는 허황된 생각에 지나지 않는다. 어쩌다 생각대로 되는 사람이 있을는지는 몰라도 대다수는 헛다리만 짚다가 말게 된다. 그러므로 십 년, 이십 년을 내다보며 계획을 세우고 목표를 정해야 욕심에 눈이 멀어 이성을 잃지 않게 된다. 이성을 잃으면 화려하게 시작하려 한다. **초라하게 시작해야 인생 후반이 행복하다. 힘이 넘치는 젊은 시절에 즐기는 인생이 아니라 젊은 시절은 열심히 일하는 세월로 살고 힘없는 인생 후반에 안정된 생활로 행복을 찾아가는 삶이 바람직한 삶의 모습이다.**

자금도 별로 없는 사람이 욕심만 앞서서 노하우도 없으면서 비싼 월세를 내는 점포를 얻고, 자동차를 사고, 직원을 먼저 뽑고, 집기를 먼저 화려하게 들여 놓기 위해 대출을 받는 우매한 사람들이 많다. 단연코 망하는 지름길이다. '성공하면 되겠지'라는 막연한 기대와 계산은 여지없이 빗나가게 된다. 이와 같이 화려하게 시작하는 사람은 잘못되어진 결과 때문에 오랫동안 곤고한 삶을 살게 될 가능성이 매우 높다. 초라하게 시작해야 화려한 인생 후반을 맞이한다. 사업에 자신 없는 자는 직장 생활로 검소한 생활을 하면 사업을 하는 사람보다 먼저 안정을 얻게 될 가능성이 높다.

앞이 캄캄하다, 그렇게 벌어서 어느 세월에 집을 사겠냐 등의 **부정적인 말들에 대해 귀를 닫아라.** 빚부터 내는 것은 아주 위험한 일이다. 확실한 노하우가 있다면 모험을 할 수는 있으나 그 외에는 생각조차 하지 말라. 인생은 모험이 아니라 안전이다. 이 세상은 빚을 지고 살도록 유도하는 세상이나 그 흐름을 따라 살면 항상 고달프다. **소신을 갖고 살면서 초라하고 누추한 것 같은 생활이라도 흑자의 인생이라면 그것이 가장 행복한 인생이다.** 장래가 보장되는 생활 태도이다. 많고 적음을 떠나, 행복한 삶을 위해 돈을 버는 것이지 많이 쌓아 놓기 위한, 축적을 위한 돈벌이는 불행을 자초하고 고달픈 인생이 된다. 노하우가 없으면 사업은 망하고 검소한 생활을 통한 저축이 없으면 근면이 아무런 의미가 없다. 유행을 따르지 말고 검소한 생활로 저축을 생활화하라. 아무도 비난하지 않으며 불편함은 미래의 안정으로 보상받게 된다. 사치와 허영과 유행을 따르는 자들은 어리석은 바보들이다.

영적 예배란?

"하나님의 뜻이 무엇인지 분별하도록 하라"
(롬 12:2)

세상을 본받지 않는 것이 영적 예배이고 거룩한 산제이며
그것이 하나님의 뜻이다.

〈하나님의 뜻〉

나의 몸을 드리는 것이 산제사
산제사는 영적 예배
영적 예배는 의의 행실
의의 행실이 영적 예배에 해당하는 산제사이고
나의 몸을 드리는 것이며
하나님의 뜻이다.*(롬 12:1-2)*

"오직 선을 행함과 서로 나눠주기를 잊지 말라 이같은 제사는 하나님이 기뻐하시느니라"
(히 13:16)

영적 예배는 의의 행실

우리는 성경을 읽을 때에 세상에 태어나 자라면서 직, 간접적으로 얻은 경험이나, 교육을 통해 얻은 지식을 바탕으로 이해하고 받아들이고 적용한다. 예를 들어 '법'이라는 단어를 접할 때, 우리가 생각하는 세상의 법을 떠올리고 연관시켜서 본다. 형법, 민법, 근로기준법, 도로교통법 등 자기가 살고 있는 세상의 사회법을 떠올리게 되는데, 성경에서 말하는 법은 율법을 말하는 것이며 넓은 의미로는 하나님의 말씀을 이야기한다. 따라서 '죄'라 하면 국가의 법을 지키지 못한 죄를 말하는 것이 아니라 하나님의 말씀과 율법을 지키지 못한 죄를 말하는 것이다.

'구속'이란 말도 이 세상 감옥에 수감되는 것을 이야기하는 것이 아니라 하나님께 잡힌바 되어 자기 마음대로 살지 못하는 것을 의미한다. 또 "여호와를 인하여 살리라"라는 말씀 중에 '살리라'는 말씀을 형편이 좋아지는 것으로 여기는데, 그것이야말로 인본주의적 성경 이해 방식이다. 여기서 '살리라'는 말씀은 죽었던 영이 성령으로 인해 살게 될 것을 의미하는 것이다.

성경을 이해하지 못하고 어렵게 느끼는 분들 중에는 **신학과 신앙은 다르다고 생각하고 자기는 신학은 몰라도 신앙생활은 우수하다고 자부하는 사람들이 있다.** 성경을 바탕으로 형성된 교회가 그 성경 속에 기록된 내용을 체계적으로 정리하여 교리화한 신학을 무시한 신앙은 있을 수가 없는 것이다. 잘 정리된 신학을 따라 형성된 신앙이 정통 기독교이다. 자기 마음대로 생각하고 상상해서 성경을 이해하고 적용시켜 신앙생활을 한다면 하나님의 뜻과 어긋난 방향으로 가고 만다는 사실을 알아야 할 것이다.

성경을 한 단어, 한 구절, 한 문장만 뽑아서 보고 이해하려 하면 오해의 소지가 매우 높다. 성경에는 각 장 별로 대부분 서론, 본론, 결론이 있다. 그래서 성경의 맥을 따라 보는 습관을 가져야 한다. 내 마음에 드는 성구만 뽑아서 생활에 적용하고, 주장하고, 가르치면 주님의 뜻을 오해하고, 마음을 아프게 할 수 있다.

로마서 12장의 말씀으로 생각해 보자. 1-2절 말씀은 서론에 해당하는 말씀이다.

> "너희 몸을 하나님이 기뻐하시는 거룩한 산제사로 드리라 이는 너희의 드릴 영적 예배니라
> 너희는 이 세대를 본받지 말고 … 하나님이 기뻐하시고 온전하신 뜻이 무엇인지 분별하도록 하라"
> (롬 12:1-2)

우리는 흔히 이 말씀을 이렇게 이해한다. 예배를 위하여 교회에서

성가대로, 안내 위원으로, 차량으로, 찬양으로, 청소로, 예배 준비로 솔선수범 봉사하고 진실한 마음으로 예배에 참석하고 기도하는 것이 우리의 몸을 드리는 것이며, 그런 준비로 예배하는 것이 거룩한 산제사라고 생각한다. 물론 예배는 형식적 예배가 아닌 진정한 예배가 될 수 있도록 정성을 다해 드려야 하는 것이 백번 마땅하다. 그러나 그런 생각들은 거룩한 산제사라는 말을 잘못 이해하고 있는 것이다. 우리가 드리는 예배가 제사와 같은 것으로 생각하는 것이 문제이다. 구약의 제사는 제사이고 신약의 예배는 예배이다.

신약 시대에 변형된 제사가 예배라면 우리는 제사를 계속 이어가고 있는 것이다. 제사는 예수님이 십자가에서 드리신 제사 후에는 더 이상 필요가 없게 되었는데 예배가 제사라고 생각하는 것은 착각이다. **예배는 하나님과 예수님께 경배하는 새로운 신앙 의식이고 제사가 아니다. 본문에서 말하는 영적 예배는 우리가 매주 드리는 예배 의식과 형식을 말하는 것이 아니다.** 우리의 몸을 드리는 것이 영적 예배이고, 그 영적 예배가 산제사에 해당하는 것이다. **그렇다면 우리 몸을 드리는 산제사에 해당하는 영적 예배는 어떻게 드리는 것일까?**

그것은 이 시대를 본받지 않고 새로워지는 생활이다.*(롬 12:2)* 그것은 2절 이하에 본론으로 구체적으로 기록하고 있다. 각각 받은 은사 사용에 겸손하고, 자기 재능을 따라 받은 달란트, 직분을 따라 성실히 교회에서 봉사하며 핍박하는 자를 축복하고 높은 데 마음을 두지 말고 소망 중에 즐거워하며 기도에 힘쓰며 악을 미워하고 선에 속하고 서로 우애하고 존경하라. 형제를 사랑하고 열심히 주를 섬기고 악을 악으로 갚지 말라. 선한 일을 도모하라. 모든 사람으로 더불어 평화하라. 원수가 주리거든 먹이고 목마르거든 마시우라. 악에게 지지 말고 선으로 악을 이기라. **이와 같이 일상생활에서의 의의 행실이 영적 예배고 산제사에 해당한다는 것이다.** 그리고 그것이 하나님의 뜻이라는 것이다. 그 구체적 행실은 15장까지 이어져 기록하고 있다. 거기에 마땅히 더해야 할 것은 이방인을 하나님께 받으심 직한 제물로 드리는 것이 거룩한 제사에 해당한다.*(롬 15:16)* 이것은 바로 전도이다.

종합해 보면 예수님께서 가서 모든 족속으로 제자 삼아 성부와 성자와 성령의 이름으로 세례를 주고 내가 너희에게 분부한 모든 것을 가르쳐 지켜 행하게 하라 하신 말씀을 따르는 것이 영적 예배요 산제사가 되는 것이다. 구약의 제사는 율법이다. 율법의 완성은 사랑이다.*(롬 13:10)* 성도가 마땅히 해야 할 의의 행실은 한 마디로 사랑의 마음이 바탕이 되어 실천되어야 한다. **사랑을 행하는 자는 율법을 다 이룬 것이다.***(롬 13:8)*

율법을 이루는 사랑은 제사를 온전케 하는 영적 예배인 것이다. 이와 같이 교회 안에서 봉사하고 세상 속에서 일상생활을 하는 동안 선한 의의 생활, 사랑을 실천하는 것이 하나님이 기뻐 받으시는 영적 예배이고 하나님의 뜻이다. **이와 같이 정리된 말씀이 정답이라는 것을 증명해 주는 말씀이 있다.**

"오직 선을 행함과 서로 나눠주기를 잊지 말라 이 같은 제사는 하나님이 기뻐하시느니라"
(히 13:16)

예수께서는 당신의 몸이 산 제물이 되어 십자가상에서 친히 하나님께 대제사장으로서 산제사를 드리셨다. 그 제사는 인류를 향한 사랑 때문에 가능한 희생과 헌신이었다. 그 헌신에 감사만 하고 내가 구주로 영접하고 믿으니 나를 천국으로 인도하소서라고 하는 간절한 소망만으로 하나님을 기쁘시게 할 수 없다. 예수님의 혈통으로 다시 태어난 자들답게 그분의 성품을 조금이라도 닮아 가려는 노력이 필요하다. 그리고 그 노력이 행동으로 실천될 때 사랑이 의의 행실로 나타나며 하나님이 기뻐하시는 영적 예배, 거룩한 산제사를 드리는 새 시대의 새 제사장이 되는 것이다.

목회의 본질과 참믿음

"그날에 많은 사람이 나더러 이르되 주여 주여 우리가 주의 이름으로 선지자 노릇하며 주의 이름으로 귀신을 쫓아내며 주의 이름으로 많은 권능을 행치 아니하였나이까 하리니
그때에 내가 저희에게 밝히 말하되 내가 너희를 도무지 알지 못하니 불법을 행하는 자들아 내게서 떠나가라 하리라"
(마 7:22-23)

목사님들을 포함한 모든 성도들은 예수님이 유다 지파이고 그의 혈통으로 태어났으니 영적으로 유다 지파에 해당한다. 그러므로 율법의 레위 지파의 규례가 목사님들에게 적용될 수가 없다.

세상은 필요 이상으로 많은 물질을 모으는 것이 삶의 목표이다. 그것으로 편히 살고 과시하고 자랑하고 으스대며 산다. 그 마음의 탐심은 마음도 육체도 고달픈 삶을 살게 한다.

우리의 신앙생활은 이런 생각을 바꾸는 것에 있다. 예수님의 말씀으로 훈련받은 성도는 그 마음의 생각이 변해야 한다. 가치관의 변화이다. 소유욕을 낮출 때 찾아오는 홀가분한 마음과 몸, 그것이 예수님이 말씀하시는 평안이다. 교회는 주님의 말씀으로 마음과 몸의 평안을 찾게 해 주는 것이 임무가 아닌가 생각한다.

목사님들은 레위 지파인가?

한국 교회를 들여다보면 목회자의 성향에 따라 다양한 모습을 하고 있다. 예수 그리스도의 뜻을 따라 선교와 이웃 사랑을 실천하는 봉사의 활동은 공통적이지만, 성도를 양육하는 설교의 방법과 예배의 방식은 교회마다 각기 다르다. 크게 둘로 나누어 보면 기도와 은사에 집중하는 교회와 말씀에 집중하는 교회가 있다. 기도와 은사주의는 신비주의 교회라고 말할 수도 있을 것이다. 말씀주의 교회는 주석 설교를 주로 하는 교회가 있고, 강해 설교 또는 바른 생활 설교를 주로 하는 교회가 있다.

저자는 이런 말씀주의 교회에서 설교를 들으면 마음이 뜨거워지고 나를 돌아보게 되고 뉘우치기도 하고 새로운 각오와 다짐을 하기도 한다. 예전에는 신비주의 신앙이었으나 지금은 말씀주의 신앙으로 바뀌었다.

저자는 기도와 은사에 치중하는 교회에 대해 몇 가지 진심 어린 조언을 하고 싶다. 저자가 평생 신앙생활과 돈벌이를 하면서 느끼고 깨달은 점을 이야기 하는 것이다.

“너는 내게 부르짖으라 내가 네게 응답하겠고 네가 알지 못하는 크고 비밀한 일을 네게 보이리라"(렘 33:3) 하신 하나님의 말씀을 붙잡고 네가 무엇을 하려 하느냐, 수단과 방법을 다 내려놓고 하나님께 목숨 바쳐 부르짖고 간구하면 네가 바라는 것이나 문제가 기적적으로 해결되고 네 사업도 형통하게 될 것이라고 교회는 가르치고 있다. 위 말씀은 하나님께서 예수 그리스도를 통한 구원의 비밀한 계획을 예레미야 선지자에게 알려 주시겠다는 말씀이다. 신앙인이라면 문제 해결을 위하여 부르짖는 기도가 반드시 필요하고, 기적도 맛을 보아야 한다. 그러나 좋은 직장을 얻고 사업이 잘돼서 윤택한 삶을 살기 위해서는 종사하는 분야의 전문 지식을 쌓고 기술을 개발하고 피나는 노력을 하지 않으면 안 된다는 것도 알고 병행해야 한다고 말하고 싶다. 목회자들은 교회에서 물질이 나오지만 성도들은 세상에서 물질을 얻어야 한다. 직장에서, 사업장에서, 그러므로 세상 사람들이 노력하는 것처럼 성도들도 부단한 노력을 해야 원하는 것을 얻을 수가 있고 안정된 생활을 하게 된다.

또, 예언을 한다는 분들에게 묻고 싶다. 그 예언을 반드시 해야 하는 것인가. 누구를 위하여, 무엇 때문에 하는 것인가. 예언을 하는 것은 좋은데 이것만큼은 명심했으면 좋겠다. 나의 느낌과 생각이 성령께서 주는 영감이라고 생각하고 상대에게 던져 주는 말이 어떤 때는 맞고 어떤 때는 맞지 않을 때가 있다. 맞지 않는 말을 할 때는 성령의 영감으로 한 것이 아니라 내 생각을 말했다는 이야기가 되는 것이다. 그러면 그때 한 말은 거짓을 말한 것이고 성령을 모독하는 것이다. 하나님이 무섭지도 않은가? 죽어 천국에 가서 하나님이 내가 언제 그런 말을 했느냐고 하시면 어떻게 할 것인가.

당신이 상대에게 던져 준 예언이 그 사람의 인생 진로를 결정하게 되고 흥망성쇠를 좌우할 수 있다는 것을 염두에 두고 언제나 책임감 있는 자세로 임해야 할 것이다.

우리는 종종 기도를 통해서 문제 해결을 받기도 한다. 그 중에 병이 치료되는 기적을 체험하기도 한다. 그렇다고 기도로만 병을 치유받으려고 하는 것은 잘못이다. 실제로 신유 은사를 받았다는 분들 중에서는 현대 의술을 부정하고 약도 먹지 말고 병원도 가지 말고 오직 기도로만 병을 고치라고 하는 분들이 있다. 그래서 치료 시기를 놓쳐서 불행한 결과를 가져오는 경우가 있다. 참으로 안타까운 노릇이다.

현대 의술도 하나님이 주신 기술이다. 왜냐하면 인간의 두뇌를 하나님이 만드셨고 그 두뇌로 하나님이 주신 식물에서 약을 찾아내고 만들고 의술을 개발했기 때문이다. 하나님이 주신 의술로 치료하며 병 낫기를 위해 간절히 기도하면 효과가 배가 되지 않겠는가. 예수께서 공생애 동안에 병을 고치신 것은 우리도 그와 같이 하고 다니라는 것이 아니라 인류를 구원하실 능력이 뛰어나신 하나님의 아들임을 증명해 보이고 사람들로 하여금 믿고 따라오게 하기 위한 목적으로 하신 것이며, 하나님이 이스라엘 민족을 애굽으로부터 구원하시기 전에 이스라엘 민족이 믿고 따라오게 하기 위하여 행하신 열 가지 재앙 이적과 같은 목적으로 행하신 것이다. 계시와 성취의 관계이다.

그리고 우리가 행하는 은사의 사용이 자기의 명예와 출세를 위하여 한다면 그것은 분명 불법을 행하는 것이라고 주님은 다음과 같이 말씀하셨다.

> "그날에 많은 사람이 나더러 이르되 주여 주여 우리가 주의 이름으로 선지자 노릇하며 주의 이름으로 귀신을 쫓아내며 주의 이름으로 많은 권능을 행치 아니 하였나이까 하리니"
> (마 7:22)

한 가지 더 짚고 넘어가자. 목사님들은 예배를 집도하는 분들이고 예배는 구약 성경의 제사와 같은 의식이므로 성전에서 제사하던 레위 지파의 제사장에 해당한다고 말한다. **그래서 레위 지파 제사장들이 성전에서 나는 것만으로 먹은 것처럼 목사님들은 성전에서 나는 것만으로 살아야 한다고 주장한다.** 절대 돈을 벌어서는 안 된다고 한다. 이는 정말 성경을 이해하지 못한 결과이다. 신약 성경에서 *"율법과 선지자는 요한의 때까지요"(눅 16:16)*라고 분명히 기록하고 있다. 구약 성경이 세례 요한의 때로 끝이 났다는 것이며 그 이야기는 더 이상 구약의 제사도 없고, 레위 지파의 제사장도 필요치 않다는 이야기이다.

그런데 그때의 제사가 현재의 예배의 형태가 되었다고 목사님들이 레위 지파의 제사장이라고 주장하는 것은 잘못된 주장이다. 구약 시대의 레위 지파 제사장의 규례가 지금도 적용될 수는 없기 때문이다. 영적으로 그렇다고? 이 시대는 신약 성경이 적용되는 신약 시대인데 예배를 집도하는 목사님들이 레위 지파라고 하는 것은 잘못된 것이다. *"그 후부터는 하나님 나라의 복음이 전파되어 사람마다 그리로 침입하느니라"*(눅 16:16)라고 또한 말씀하고 있다.

구약은 요한의 때에 끝이 나고 이제는 복음의 시대이므로 그 복음이 기록된 신약 성경의 규례를 따라야 한다. 예배를 주관하는 목사님들은 굳이 지파를 따진다면 유다 지파에 해당한다. 성도 모두가 영적으로 유다 지파이기 때문이다. 예수님의 혈통에서 났으니 예수님이 유다 지파인 것처럼 유다 지파에 해당한다고 보는 것이 차라리 옳은 것이다.

이 시대의 성도들은 이면적 유대인으로서 목회자를 비롯해서 모두가 새 시대의 새 계명을 따라 사는 존재들이다. 구약 성경의 제사장들의 규례를 따라 **목사님들이 성전에서 나는 것만으로 살아야 하고 돈 버는 일을 하면 큰 죄를 짓는 것이라는 생각은 잘못된 생각이다.** 다시 말하지만 지금은 구약 성경의 규례가 적용되지 않기 때문이다.

따라서 교회가 크고 목회에 전념해야 하는 분들이야 따로 돈벌이를 할 필요가 없지만 생활고에 시달리는 목사님들은 돈벌이를 해도 죄가 되지 않는다는 것을 주장하고 싶다. 그래야 생활고를 벗어나기 위해 교인들을 상대로, 믿음과 신앙을 미끼로 사기 칠 생각을 하지 않게 될 것이다.

목사님들은 예배를 집도하면서 양들에게 좋은 꼴을 먹여야 하는 임무를 부여받았다. 세상 욕을 부추기는 말로 잘못 이해해서 가르치면 나쁜 꼴을 먹이는 것이며, 하나님 나라와 예수님의 가르침을 따라 살게 하는 말씀을 가르치는 것은 좋은 꼴을 먹이는 것이다. **물질의 채움으로 행복을 찾기보다 그 욕심을 낮춤으로 행복해지는 비결을 말씀으로 가르치라는 것이다.**

"누구든지 나의 이 말을 듣고 행하는 자는 그 집을 반석 위에 지은 지혜로운 사람 같으리니"(마 7:24) 예수님을 믿고 그분의 말씀에 순종하는 삶이 가장 성도다운 모습이다. 그러면 덜 고달픈 인생을 살게 된다. 또 내가 분부한 모든 것을 가르쳐 지켜 행하게 하라 하신 말씀을 따라 예수님의 말씀을 따르게 해야 한다. 예수님이 주는 **말씀의 핵심은 새 계명이고 그 계명은 사랑이다.** 나의 계명은 사랑을 행하는 것이라고 하셨고, **사랑은 온 율법과 선지자의 강령이라고 말씀하셨으며 사랑을 행하는 자는 율법을 다 지키는 것이라고 말씀**하셨다.*(롬 13:8)*

> "내가 사람의 방언과 천사의 말을 할지라도 사랑이 없으면 소리 나는 구리와 울리는 꽹과리가 되고
> 내가 예언하는 능이 있어 모든 비밀과 모든 지식을 알고 또 산을 옮길만한 모든 믿음이 있을지라도 사랑이 없으면 내가 아무 것도 아니요
> 내가 내게 있는 모든 것으로 구제하고 또 내 몸을 불사르게 내어 줄지라도 사랑이 없으면 내게 아무 유익이 없느니라"
> (고전 13:1-3)

예수를 믿으면서, 아니 신앙생활을 하면서 은사와 능력을 가지고 있어서 으뜸이 된 것같이 보일지는 몰라도 사랑이 없으면 아무것도 아니며 아무 쓸모없는 것들이다. 성령의 사람들은 정과 욕심을 십자가에 못 박은 사람들인데*(갈 5:24)* 그 욕심을 따라 목회하고 신앙생활 하는 것은 불법을 행하는 자들이다. **세상 풍조를 따르는 구습을 벗어 버리고 새로운 습관을 가져야 한다.** 예수께서 가르치신 사랑의 법을 실천하는 습관을 길러 나가야 한다. 계시록에서는 **우리를 행한 대로 심판하신다고 하셨다.** 세상 마지막 날, 그날의 심판대에 과연 당당히 설 수 있을까, 한 번쯤 생각해 봐야 할 것이다. 예수님의 말씀을 지켜 준행하는 것만이 최고이고 우선해야 하는 덕목이고, 어떤 신앙의 행위도 그 위에 설 수 없는 차선의 행위들이다.

예수님의 말씀은 검이다. 그 검은 사탄과 싸워 이길 수 있는 무기다. 사탄은 우리의 정과 욕심을 부추겨 세상 것을 바라보며 동경하게 하고 추구하게 만든다. 그러나 예수님의 말씀으로 무장하면 사탄을 이기고 세상의 것보다는 하나님 나라의 의를 구하게 된다. 그것이 목회자나 성도가 구해야 할 단 하나의 덕목이다. **우리의 신앙생활은 끝없는 사탄과의 전쟁이다.** 그 싸움은 말로 물러나라 해서 물러나고 하는 싸움이 아니다. 계시록에 보면 백마 탄 자에 대한 묘사가 기록되어 있는데 **그 말 탄 자가 피 뿌린 옷을 입었고 그 이름은 하나님 말씀**이라고 했다.*(계 19:11-13)*

예수는 말씀이다. 또 말 탄 자가 거짓 선지자를 입에서 나오는 검으로 싸워 이겼다고 기록하고 있다.*(계 19:20-21)* 입에서 나오는 검은 말씀이고, 말 탄 자는 예수님이다. 예수님은 제자들에게 검을 주러 오셨다고 하셨을 때, 그 검은 사탄과 싸워 이길 말씀을 가리켜 하신 말씀이다. 그것을 증명해 주는 말씀이 계시록 12장의 말씀이다. **우리 형제들이 자기들이 증언하는 말씀으로 마귀와 싸워 이겼다고 기록하고 있다.***(계 12:11)* 예수님의 말씀은 사탄과 싸워 이길 수 있는 무기며 권능이다. 예수님의 말씀을 잘 지켜 준행하면 내 속에 요동치는 본성, 육체의 탐심과 죄성을 이길 수 있으니 끝없이 내 육체의 본성을 부추기는 사탄을 이기게 되는 것이다. **탐심과 죄성이 요동칠 때마다 말씀으로 무장된 사람은 필요한 말씀이 생각나서 내 안의 악과 싸워 이긴다.**

육체를 위하여 심는 자는 육체로부터 썩어질 것을 거두고, 성령을 위하여 심는 자는 성령으로부터 영생을 거둘 것이다.*(갈 6:8)* 육체로부터 썩어질 것도 거두고 성령으로부터 영생도 얻을 수는 없다. 둘 중 한쪽을 선택해야 하고, 한쪽이 이루어지는 것이다. 우리는 성령으로부터 영생을 거둘 뿐이다. 예수**를 믿고 천국도 가고 세상에서는 하나님께 열심히 복을 빌어서 세상 사람들처럼 큰 부자가 되어 그것을 보람으로 여기고, 가치로 여기며 살고자 하는 믿음은 예수님의 가르침과 맞지 않는 신앙관이다.**

성경은 알고 보면 세상에서의 부귀와는 관계없다는 것을 알게 된다. 그래서 그 진리를 사실대로 전하게 되면 사람들을 전도하는 데 어려움이 있을 것이 분명하다. 신앙생활을 하다가도 "필요 없어, 예수 안 믿어" 하며 떠나는 자도 많을 것이고 믿을 필요성이 없어 믿으려고 하지도 않을 것이다. 소수만이 천국을 소망하고 믿게 될 것이다. 그러나 **그 소수가 진정한 하나님 백성이다.** 그래서 예수님은 말세에 믿음을 보겠느냐고 하신 것이다. 우리는 생명책에 기록될 수 있을까? 될 수 있다면 그 행위를 따라 심판을 받는다는 사실을 기억하고 목회를 하고 신앙생활을 해야 할 것이다.*(계 20:12)* 세상 욕은 사탄의 유혹에 넘어지는 행위이다.

※ 세상 복을 받기 위하여 열심히 신앙생활을 하다가 믿음은 세상의 복을 받기 위함이 아니라 천국 백성 되기 위함이라고 하면 믿음을 버리고 떠나는 자들이 많을 것이다. **그들은 실족한 것이 아니라 처음부터 하나님 백성이 될 수 없는 존재들이었던 것이다.** 알곡 속에 섞여 있는 가라지들인 것이다. 당신은 알곡인가 가라지인가? 한번 생각해 보시라.

※ 목숨을 부지하고 사는 동안에는 육체로부터 썩어질 것을 거두어야 살 수 밖에 없으나 크리스천은 육체를 위하여 심는 행위가 인생의 목표가 되어서는 안 된다는 말이다.

죄와 벌

"너 낳은 아비에게 청종하고 네 늙은 어미를 경히 여기지 말지니라
진리를 사고서 팔지 말며 지혜와 훈계와 명철도 그리할지니라
의인의 아비는 크게 즐거울 것이요 지혜로운 자식을 낳은 자는 그를
인하여 즐거울 것이니라
네 부모를 즐겁게 하며 너 낳은 어미를 기쁘게 하라"
(잠 23:22-25)

이 말씀의 해석은 이것이다.
부모의 말을 가볍게 여기지 말고 잘 들어라.
부모의 말은 지혜와 명철로 하는 훈계이며 진리이다.
그것을 버리지 말라.
부모의 말을 잘 들으면 네 부모는 즐겁고 기뻐한다.

부모가 가장 슬픈 때는 자식으로부터 무시당할 때이다. 돈다발을 안겨 준다고 기뻐할 것이란 생각은 하지 말라. 효도는 형식상으로라도 대화하고, 존중하고, 받아들이려 할 때 부모 체통이 서고 자식을 사랑하는 마음이 더 커진다. 동서 고금을 막론하고 부모를 경히 여기고 멸시하는 자들이 잘 되는 경우는 없다.

"하나님이 이르셨으되 네 부모를 공경하라 하시고 또 아비나 어미를
훼방하는 자는 반드시 죽으리라"
(출 20:12; 신 5:16; 마 15:4)

이 말씀에 어긋나게 살면 불순종의 죄를 짓는 것이며 세상에서 힘든 삶을 살게 되는 벌을 받게 된다.

젊은이들에게 권하는 글

현재 사회는 어른들의 생각이나 교훈은 묵살되고 젊은이들의 말과 생각을 더 존중하고 중시하는 사회가 되어 가는 것 같다. 어린 아이나 젊은이들의 감정과 욕구, 주장만 옳다고 여기고 받아들이고 정책에 반영하거나 사회적 풍조로 자리 잡아 가고 있다. 구세대의 생각에 시대착오적인 생각들이 있을 수는 있으나 오랜 연륜과 경험에서 나오는 지혜의 지도를 거부하고 무시하며 이제 막 학생으로, 사회인으로 발걸음을 내딛는 아이들의 주장을 더 중요시 여기는 시대이다.

어른들의 생각은 보수적이고, 젊은 아이들의 요구나 주장만 진보라 한다. 이런 풍토는 결국 젊은이들 자신을 해롭게 하는 결과를 초래하게 된다. 사회 각 분야의 최신 지식과 기술은 어른들이 가르쳐 줄 수는 없지만 어른들이 전하는 삶의 지혜는 무시해서는 안 된다. 어른들이 말하는 희생, 헌신, 인내, 책임, 의무와 같은 덕목의 말은 어리석은 생각으로 여기고 자기 자신만의 안위와 기쁨과 즐거움만 추구하며 원시적 충동에만 충실하는 극단적 이기주의의 팽창은 살기 힘든 사회가 되어가게 하는 신념들이다. 어른들을 경홀히 여기는 죄를 짓는 것이며 그 결과 인생을 좀 더 힘들게 살아가는 결과의 형벌을 받을 수밖에 없다. 늙어서 젊은 시절을 돌아다보면 후회투성이라는 것을 느끼게 된다. 젊을 때 생각이나 행동과 선택은 잘못된 부분이 더 많다는 것이다.

하나님은 인류의 조상 아담에게 *"동산 각종 나무의 실과는 네 임의로 먹되 선악을 알게 하는 나무의 실과는 먹지 말라 네가 먹는 날에는 정녕 죽으리라"(창 2:16-17)* 하셨는데, 그 말씀을 어기고 아담과 하와는 선악과를 먹고 말았다. 그래서 죽어야 하는 형벌을 받았다. 하나님 아버지를 경홀히 여겨 불순종의 죄를 짓고 죽음의 형벌을 받았다. 그래서 그의 후손인 인간들의 마음에 부모를 멸시하는 마음과 가볍게 여기고 청개구리 짓을 하는 마음이 유전으로 존재하고 있는 것 같다.

부모가 어린 자식에게 간섭하고 잔소리하는 것은 잘못된 길을 갈까 염려되는 마음이며 잘되는 길을 가라는 통제이고 인도이다. 그것은 사랑하는 마음 때문이지 대리 만족을 얻으려는 마음이 아니다. 혹 자신이 이루지 못한 꿈을 자식이 이루었으면 하는 마음에 진로를 정해 놓고 그 길로 가라는 경우도 있다. 그런 경우는 대리 만족을 위한 지도이나 모든 부모가 그렇지는 않고 자식을 사랑하는 본능 때문에 간섭하는 것이다.

어리거나 젊을 때는 본능에 놀고 싶어 하는 욕구가 강해서 교육을 받지 않으면 본능에 충실하여 선악을 알면서도 자신의 욕구만 충족하려 한다. 그런데 그 욕구 충족의 길이 잘못된 길로 가는 경우가 대부분이기 때문에 적당히 절제를 강요하고 옳은 지식을 전하고 **좋은 습관**을 가질 수 있도록 지도하려는 것이 부모의 잔소리다. 그리고 또한 부모가 살아오면서 **놓친 기회나 과오, 실수**를 반복하지 않길 바라는 마음에서 하는 잔소리다. 부모의 훈계나 지도를 거부하고 자신이 하고 싶은 대로 살고자 하는 자들은 부모가 저지른 실수나 과오를 그대로 밟게 된다. 젊을 때 생각은 현재의 즐거움만 추구하기 때문이다. 늙은이들의 젊은 시절도 마찬가지였다.

과거를 돌아보니 잘못 살아온 길의 문제점을 깨닫게 되고 그것을 자식에게 가르치려는 것이 훈계이고 지도이다. 자신의 욕구 충족만을 위하여 즐기려는 삶은 인간 본능(동물)에 충실하는 마음인데 사회적 동물인 인간은 그 감정을 절제하며 사회가 요구하는 규범과 시스템을 따라 사는 존재들로 교육받아야 하고 그렇게 사는 자가 사회에서 성공하게 된다.

자식들 잘 되라고 하는 잔소리를 부모가 만족을 느끼려고 한다고 하면 정말 어처구니가 없는 말이다. 자식이 잘되면 부모가 무슨 혜택을 보는가. 그리고 부모가 강요한 대로 따라서 잘되고 행복해진 사람도 많이 있다. 부모는 가진 것을 다 자식에게 주고 빈손으로 돌아가는 운명인 것을 어찌 그런 말들을 하는가. 그러므로 어른들의 말은 무익하고 쓸모없는, 무식하고 고리타분한 이야기라 하지 말라.

지금 세대는 젊은이들의 생각은 진보라는 말로 합리화시켜서 옳다고 여기고 진리로 여기는 경우가 있는데 정말 착각이다. 젊은이들은 과거가 어린 시절밖에 없기 때문에 자신이 늙어서 현재를 돌아볼 때 후회투성이가 될 것을 알지 못한다. 그러나 늙은이들의 과거는 젊은 시절이었다. 그 과거를 돌아다보고 후회되는 일들을 미리 겪었고 그것을 알려 주는 것이 훈계이고 잔소리이다.

이 시대는 매스 미디어 시대로서 많은 사람들의 생각이 매스컴의 영향을 많이 받는다. 저자가 느낀 것 중에 몇 가지를 지적해서 말하고자 한다.

언론에서 집을 사기가 매우 어렵다고 보도한다. 집을 사려면 몇십 년을 한 푼도 안 쓰고 돈을 모아야 된다고 한다. 그런 말을 들을 때 희망보다는 좌절을 느끼게 한다. 그래서 집을 사려고 애쓰기보다는 포기하고, 월세나 전세를 살면서 좋은 차나 사서 즐기며 살자는 논리가 젊은이들에게 자리 잡게 하고 있다. 바보들이 아니고야 어찌 그런 생각들을 할까. 좋은 차 사고, 갖고 싶은 것 갖고, 먹고 싶은 것, 하고 싶은 것 하며 현재를 즐기자고 실제 그렇게 하고 있다. 정말 망조가 든 것이다.

그런 생각으로 사는 사람들은 집을 사지 못하는 것은 물론이고 세를 살기도 어려워진다는 것을 명심해야 할 것이다. 인생을 살기 위해 돈을 버는 행위를 밑 빠진 독에 물 붓기라는 속담에 비유하고 싶다. 그래서 누구의 구멍이 작고 크냐에 따라 그 사람의 장래가 보장된다고 본다. 물론 새어 나가는 구멍이 커도 붓는 물의 양이 많으면 물은 꽉 찰 것이나, 물을 붓는 양은 언제든 줄게 되어 있다는 것을 알아야 한다.

그리고 빨리 새어 나가는 물의 양을 채우기 위해서 물을 부으려면 몹시 고달프다는 것도 알아야 할 것이다. 구멍이 크면 독 안에 물이 순식간에 빠져나가 혀를 축일 수도 없어 고사하게 될 것이다. 순식간에 노숙자 신세가 되고 말 것이며 폐인이 되어 실패한 인생이 되고 말 것이다. 크고 화려하고 비싼 집이나 자동차, 옷, 음식들만 좋은 것으로 여기는 생각을 버려야 한다. **비싼 것이 반드시 좋은 것은 아니다. 모두가 거품이다. 상술에 놀아나고 있는 것이다. 세상은 더 큰 것, 더 좋은 것을 좇아 사치와 허영으로 물든 곳이다.** 이것이 세상의 본질이지만 사람을 행복하게 하는 요소는 되지 못한다.

자기 능력과 처한 분수는 모르고 유행만 따르고 세상 풍조를 따라가는 것은 어리석은 인생들이다. 자신만의 소신이 필요하다. 하나님은 절제의 생활을 요구하신다. 크리스천의 삶은 마땅히 검소한 생활을 해야 한다. 검소한 생활로 형편에 맞는 의, 식, 주 생활을 하면 그 사람은 언제든 마음의 평강을 얻고 행복한 생활을 할 수 있는 수준이 될 것이다. **낭비와 사치는 형벌의 대상이고 근면 검소는 상받을 일이다.**

그리고 자신이 추구하는 부의 기준이 높으면 돈의 가치를 보는 눈이 낮아진다. "이 돈 가지고 무엇을 해!"라며 일억이 돈이 아닌 것 같고, 십억도 별로라는 생각이 들면 자신이 가지고 있는 작은 돈 천 원짜리 만 원짜리는 아주 쓸모없는 돈으로 여겨져 수시로 생각 없이 아낌없이 쓰게 된다.

돈이 넘쳐 난 가정에서 사는 자는 아무 문제없으나 이제 자리 잡고 살려고 노력하는 자는 눈높이를 낮추어야 한다. 그래야 검소한 생활을 하게 되고 장래를 기약할 수 있다. 검소한 생활은 재테크이다. 재테크는 종잣돈이 있어야 하고 그 종잣돈은 빚으로 만드는 것이 아니라 절약해서 만드는 것이다. 푼돈을 아끼는 생활이 밑 빠진 구멍을 줄이는 일의 시작이다.

사업을 해도 마찬가지이다. 먼저 자기만의 아이템과 노하우를 가져야 한다. 그 노하우를 만들기 위해 노력한 다음에는 사업장을 운영할 때 최대한 지출이 적은 방향으로 구조 조정을 해야 산다. **'더 많이 벌어서 충당하면 되지'라고 생각하지만 그 뜻대로 되기가 쉽지가 않다.** 많이 벌려고 하는 것은 기본이지만 밑 빠진 구멍의 크기를 줄이면 더욱 빨리 재물이 차게 되지 않겠는가.

경제학에서의 경제 원칙은 '최소한의 비용으로 최대의 효과를 얻는 것'이다. 최소한의 지출로 최대의 이익을 남기는 것이다. 그리고 처음부터 큰돈을 벌겠다는 허황된 생각은 하지 말라. 속히 넘어진다. 그런 생각은 나의 육신을 고달프게 할 뿐 효과는 미미하다. '너 자신을 알라'는 소크라테스의 말을 기억하라. 나의 능력이 어느 정도인가 감지를 하고 단기간이 아닌 장기간에 걸쳐 재물을 모을 생각을 하라. 그래야 안정된 생활도 하게 되고 주변 사람들도 돌아볼 수도 있고, 부모 형제 가족들과 함께 할 수 있는 시간과 마음이 생기게 되며 마음에 여유가 생겨 평안을 얻게 된다. 그 마음이 곧 행복이다.

돈을 빨리 확 벌고 나면 모든 문제가 해결되고 행복할 것이라는 생각은 착각이다. 그러는 동안에 시간이 없어서 등졌던 가족과 주변 사람들과의 관계는 회복되기가 어려워진다. 자신은 자신에게 실망하고 좌절하고 방탕하게 된다. 크리스천은 마음의 욕심을 크게 가져서는 안 된다. 성경의 요구를 따라 욕심을 낮추어야 한다. 그리고 조급함은 금물이며 마음의 여유를 갖고 서서히 부를 이루려고 해야 한다. 자신의 능력과 형편에 맞게 일상생활을 하는 자가 지혜롭고 안정된 행복을 찾아가는 자이다.

또 하나의 문제는 돈을 벌고 나서 결혼을 하겠다는 생각이다. 돈 많은 배우자를 찾는 경우도 많지만 다 그렇지는 않다고 본다. 돈은 없어도 인간성만 좋으면 결혼하겠다는 사람들이 대다수이다. 그런데 돈이 없으면 배우자로 선택하지 않을 것이라고 생각하고 막연히 결혼을 미룬다. 그러다가 돈을 못 벌면 결혼도 못 하고 인생에 태어난 보람이 하나도 없게 된다. 결혼할 나이가 되면 배우자를 찾아라. 그러면 마음에 맞는 배우자를 만나게 될 것이고 둘이 힘을 합해서 살다 보면 혼자 애쓰는 것보다 더 좋은 결과를 얻게 될 것이다.

결혼도 하고 부도 이루는 복을 얻게 될 수도 있다. 결혼 조건으로 돈을 보는 사람과는 결혼을 하지 말라. 그 사람은 돈의 노예가 된 사람이다. 자신은 헌신하지 않고 편히 살려는 자이다. 사치를 행복으로 여기는 자이다. 인생의 행복은 돈이 많고 적음을 떠나서 본능에 충실하여 마음의 안정을 얻는 것에서 온다.

그리고 아이 하나를 기르는데 돈이 얼마가 든다고 하는 말에 역시 겁을 먹는다. 그래서 아이를 낳지 않겠다고 한다. 아이를 양육할 때의 행복과 기쁨은 인생의 행복 중에 가장 큰 행복이다. 그리고 그 비용은 한꺼번에 드는 것이 아니라 단계적으로 수십 년에 걸쳐 드는 비용이기 때문에 얼마든지 충당하고도 남는다. 그 비용을 충당하는 동안에 힘이 들어도, 부모가 되어 보면 그 기간에는 행복과 보람을 느끼게 된다.

자신의 욕구 충족, 즐거움만을 추구하며 살면서 국가와 부모에게 권리를 주장할 수는 없다. **국가나 부모, 가족 간에 사회인으로서 의무와 도리를 다하지 않고 회피하면서 자신의 행복만 추구하는 것은 지나친 이기주의이다. 엄밀히 말하면 그런 생각을 가진 사람들은 국가나 부모가 주는 복지나 혜택에도 차등의 대우를 주어야 마땅하다고 생각한다.**

그리고 국가가 나의 노년의 행복을 책임져 주리라는 기대를 버려라. 《국가는 강도다》라는 책이 있다. 라이샌더 스푸너는 이 책에서 "국가는 전 국민의 행복을 위해서라는 명목으로 엄청난 세금을 징수한다. 동의 없는 과세는 강탈이다"라고 말하고 있다. 국민들은 자신들의 수입을 빼앗긴다. 그래서 국가가 강도라고 하는 것이다.

그 국가는 개개인의 부를 책임질 수는 없고 전체적인 삶의 질을 높이는 데 환경과 조건을 조성해 줄 뿐이다. 그 환경과 조건을 활용해서 행복해지려면 필요한 부는 나 자신이 이루어야 한다. **어른들의 삶의 경험에서 나온 지식, 지혜의 말씀은 세상의 진리이다. 만고의 진리는 변하지 않는다. 이런 삶의 이치를 외면하고 거역하는 자는 벌을 받는다. 인생이 곤고해지고 고달파진다는 뜻이다.**

그것이 하늘이 내리는 벌이라고 해도 과언이 아닐 것이다. 늙어서 복지 정책에만 의지하며 살려는 생각은 게으름이다. *"형통한 날에는 기뻐하고 곤고한 날에는 생각하라 하나님이 이 두 가지를 병행하게 하사 사람으로 그 장래 일을 능히 헤아려 알지 못하게 하셨느니라"*(전 7:14)

내 마음과 내 뜻대로 될 것 같아서 애를 쓰지만 마음과 뜻대로 되지 않는 것이 인생이며, 사람의 장래 일을 알 수 없는 것이 당연한 것이고 언젠가는 흥했다가 언젠가는 망하기를 반복하는 게 인생이다. 그러므로 형통한 날과 곤고한 날이 누구에게나 찾아온다. 중요한 것은 형통한 날에는 기뻐할 줄 알아야 한다는 것이다. 현재의 벌이로 생활하기에 그리 부족하지 않은 수준인 것도 모르고 만족을 못 느낀다면 그는 불행을 부르는 자이다.

현재의 나의 삶이 형통한 날인가를 사회 수준에 비추어 냉철하게 분별할 줄 알아야 만족을 하게 된다. 그래야 기쁨이 온다. 그러나 형통한 날인데도 감지하지 못하고 더욱 욕심을 부리다가는 과거만도 못한 삶을 자초하게 된다. 어리석은 욕심쟁이들이다. 욕심이 화를 부르고 죄를 낳게 된다.

그 욕심으로 인해 곤고함은 내 뼈를 삭게 할 것이다. 뒤를 돌아다보고 생각하라. 과거를 회상하고 현재의 문제를 찾고 과거의 삶이 나았다면 그때의 생활을 현재의 교훈으로 삼는 지혜가 필요할 것이다. 현재에 처해진 나의 삶의 곤고함은 이 세상 삶의 진리를 무시한 결과로 얻어진 하나님의 징벌의 모습이다.

작은 흑자를 만드는 데 주력하고 그 흑자를 발판 삼아 큰 흑자를 만들어 가는 것이 가장 현명한 생활이다.

속히 부하려는 자는 성급한 마음의 욕심이 지혜로운 계획과 현명한 판단을 방해해서 속히 망하거나 장기간 곤경에 처하게 되어 몹시 곤고한 삶을 살게 될 가능성이 매우 높다.

글을 마치면서

저자는 교회나 목사님들을 비방하기 위한 목적으로 이 글을 쓴 것이 아니다. 우리 크리스천들이 믿음대로 정말로 잘 살았으면 좋겠고 행복했으면 좋겠다는 마음으로 쓴 것이다.

우리의 바른 신앙은 예수님의 성품을 닮아 가는 것이다. 세상의 빛과 소금이 되는 것이다. 그 뜻에 걸맞게 기독교는 국가가 가난하던 시절에 국가가 미처 하지 못한 소외 계층을 위한 복지를 감당해 왔다. 교육, 의료, 고아, 노인, 결손 가정, 극빈자 등의 불우 이웃을 위해 봉사의 임무를 감당해 왔다.

그런데 일부 양의 탈을 쓰고 목사가 된 목사님들의 불미스러운 행동들이 심심찮게 불거졌고 그때를 놓치지 않고 비기독교 기자들이 악의적 목적으로 목사의 짓이라는 말을 강조해서 보도함으로 기독교의 명예는 땅에 떨어지고 말았다. 과거와 현재에 기독교가 사회에 기여한 업적은 묻혀 버리고 오히려 많은 사람들이 기독교를 혐오하고 경멸과 배척의 대상으로 생각한다. 그래서 현명한 젊은 기독교인들이 땅에 떨어진 기독교의 이미지를 살리는 운동을 해 나갔으면 하는 바람이다.

그것이 가능하려면 우선적으로 해야 할 일은 기독교가 천주교처럼 교리나 교회 운영 규칙이 통일되어야 하는 일이 아닐까 싶다. 그래야 악의적 마음을 먹고 기독교의 이름을 도용하거나 파고들어 올

수가 없게 되기 때문이다.

그리고 목회자는 마땅히 '어떻게 하면 성도들이 불편함이 없을 정도로 잘 살 수 있도록 해 줄 수 있을까' 또 '어떻게 해야 행복한 삶을 살 수 있게 해 줄까'를 연구하고 모색하고 실천해야 하지 않을까 싶다.

그런 면에서 성공한 목사님은 두레마을의 김진홍 목사님이라고 생각한다. 저자도 그런 목회를 꿈꾸었는데 이제는 너무 늙어서…. 하지만 지금도 나의 기도는 인생 말년에 어떻게 하면 하나님의 이름을 높여 드리며 기독교인으로서 유종의 미를 거둘 수 있게 되기를 바라면서 길을 찾아가고 있다.

사는 동안에 가정이나 개인에게 우환이 껴서 의도치 않던, 아니 생각지 않던 불행한 일들이 닥친다면 어떤 논리도 나를 위로할 수 없다. 그렇기에 하나님 앞에 무시로 마음으로 음성으로 기도하며 나의 인생의 안녕을 갈구해야 한다. 그것은 기독교인에게 주어진 권리이자 의무이다. 그리고 선한 목적의 상승 변화의 바람을 성취하기 위해서는 끝없는 기도와 최선을 다하는 노력을 병행해야 한다. 그러면 언젠가는 그 뜻을 이루게 될 것이다.

부족한 저자가 성경을 근거로 기독교의 문제점을 지적하면서 왠지 마음이 편치 않았으며 바른 길을 제시하면서도 쑥스럽기도 했다. 그럼에도 불구하고 끝까지 성도들을 사랑하는 마음으로 글을 마칠 수 있도록 도우신 우리 주 예수 그리스도의 영 성령님께 감사하며 진정으로 우리 성도들이 잘 살고 행복했으면 좋겠다는 간절한 마음으로 글을 마치고자 한다.